Kuschelfreunde häkeln

Freunde zum Liebhaben

Inhalt

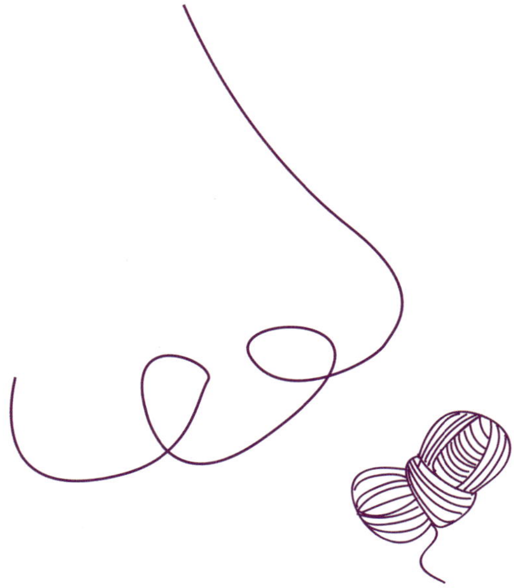

Für echte Häkelfans ist Tiere häkeln ein absolutes Muss.
Sie sind so süß und kuschelig, dass sie den Betrachtern stets ein
Lächeln ins Gesicht zaubern. Ob groß oder klein, diesen niedlichen Freunden
kann keiner wiederstehen.
Die putzigen Tiere mit ihrem besonderen Charme sind nicht nur
zum Kuscheln, sie haben auch eine Mission. Sie wollen zeigen, dass wir
mit unserer Welt achtsam umgehen und die Natur respektieren sollen.
Aus diesem Grund sind die verwendeten Garne auch alle besonders
naturfeundlich und bestehen aus einzigartigen Fasern (siehe Material und Zubehör).
Legen Sie los und staunen Sie, was alles entstehen kann.

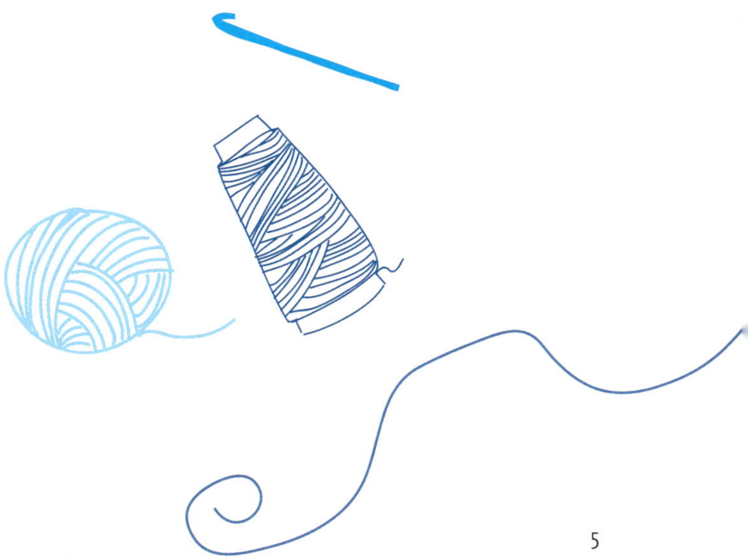

Benny, der Elefant

Schwierigkeitsgrad

Größe

ca. 19 cm

Material

- Wollgarn (100 % Baby-Merino, LL 125 m/50 g) in Grau, 100 g und in Weiß, 50 g
- Häkelnadel 5,0 mm
- Sticknadel
- Sicherheits-Tieraugen in Schwarz, ø 12 mm
- Füllmaterial

Maschenprobe

7 Rd fM = Kreis von ø 7,5 cm

Hinweis

Nur durch die hinteren M-Glieder stechen (Seite 59).

Kopf und Körper

In Grau einen Kopf und einen Körper anfertigen, siehe Grundform Körper (Seite 63).

Beine (2x)

In Grau, siehe Grundform Beine (Seite 63).

Arme (2x)

In Grau, siehe Grundform Arme (Seite 63).

Rüssel

In Grau 2 Lm anschl.
1. Rd: 6 fM in die 2. Lm ab Nd (= 6 M).
2. Rd: 2 fM in jede M (= 12 M).
3. Rd: (2 fM in die folgende M, fM in die folgende M) 6x (= 18 M).
4.-7. Rd: (Km in die folgenden 9 M, fM in die folgenden 9 M) (= 18 M).
8.-12. Rd: fM in jede M (= 18 M).
13.-17. Rd: fM in die folgenden 9 M, Km in die folgenden 9 M (= 18 M).
18. Rd: fM in die folgenden 9 M, restliche 9 M frei lassen (= 18 M).

Ohren (2x)

In Grau 2 Lm anschl.
1. Rd: 6 fM in die 2. Lm ab Nd (= 6 M).
2. Rd: 2 fM in jede M (= 12 M).
3. Rd: (2 fM in die folgende M, fM in die folgende M) 6x (= 18 M).
4. Rd: (2 fM in die folgende M, fM in die folgenden 2 M) 6x (= 24 M).
5. Rd: (2 fM in die folgende M, fM in die folgenden 3 M) 6x (= 30 M).
6. Rd: (2 fM in die folgende M, fM in die folgenden 4 M) 6x (= 36 M).
7. Rd: (2 fM in die folgende M, fM in die folgenden 5 M) 6x (= 42 M).
8.+9. Rd: fM in jede M (= 42 M).
10. Rd: (2 fM zus, fM in die folgenden 5 M) 6x (= 36 M).
11. Rd: (2 fM zus, fM in die folgenden 4 M) 6x (= 30 M).
12. Rd: (2 fM zus, fM in die folgenden 3 M) 6x (= 24 M).
13. Rd: (2 fM zus, fM in die folgenden 2 M) 6x (= 18 M).

Maul

In Grau 4 Lm anschl.
1. R: 5 Stb in die 3. Lm ab Nd. Wenden (die 3 Lm zählen als 1 Stb = 6 Stb insgesamt).
2. R: 3 Lm (zählen als 1 Stb), Stb in die M an der Basis der 3 Lm, je 2 Stb in die folgenden 5 M (= 12 Stb).

Stoßzahn (2x)

In Weiß 2 Lm anschl.
1. Rd: 6 fM in die 2. Lm ab Nd (= 6 M).
2. Rd: 2 fM in jede M (= 12 M).
3.-5. Rd: fM in jede M (= 12 M).

Einzelteile zusammennähen

Siehe Seite 60.

Untere Körperhälfte

Stopfen Sie die Beine aus und setzen Sie die untere Beinkante an der 8. Rd des Körpers an. Legen Sie die Beine nach vorn, sodass der Elefant selbst sitzen kann.

Stopfen Sie die Arme aus und nähen Sie sie 2 Rd oberhalb der Beine an.

Betrachten Sie den Rücken des Tieres und suchen Sie die mittigste M in der 10. Rd, zwischen den Beinen – hier beginnt der Schwanz. Nehmen Sie ein Stück graues Garn und beginnen Sie mit einer Km an der mittleren M des Rückens und machen Sie 10 Lm. Nehmen Sie die Nd aus der M. Legen Sie 4 Garnstücke von ca. 8 cm Länge als Quaste in die Schlaufe. Dann schneiden Sie das Garn mit 10 cm Länge ab und ziehen Sie es fest zum Knoten.

Obere Körperhälfte

Drücken Sie die Ohren flach (siehe Seite 61) und nähen Sie die Ohren von oben her an die 7. Rd des Kopfes. Die Unterkante der Ohren endet etwa auf der 14. Rd.

Stopfen Sie den Rüssel aus und nähen Sie ihn mittig auf die Kopf-Vorderseite, leicht nach oben gebogen.

Stopfen Sie die Stoßzähne aus und nähen Sie sie neben dem Rüssel am Kopf fest.

Nähen Sie die flache Kante des Mauls unterhalb des Rüssels fest.

Bringen Sie die Augen an.

Obere und untere Hälfte verbinden

Stopfen Sie Kopf und Körper fest aus. Verwenden Sie das lange Garn am Kopf und nähen Sie den Kopf am Körper fest. Ziehen Sie das Garn fest an, um einen Hals zu formen (siehe Seite 60).

Anmerkung zur Garnqualität

Ungekämmte Merinowolle gibt es zum Beispiel bei „Frog Yarns", einer fair handelnden Organisation, die sich um eine meiner liebsten Spezies auf diesem Planeten kümmert – um den Menschen! Sie ist eine gemeinnützige Organisation, die mit Kunsthandwerkern in Mexiko und Bolivien zusammenarbeitet und der dortigen Wirtschaft hilft, indem sie wunderbares, fair gehandeltes Garn in die USA importiert. Wer weiß, wem Sie gerade mit Ihrem neu gekauften Garn helfen?

Gordon, die Qualle

Schwierigkeitsgrad

Größe

ca. 24 cm hoch, inkl. der Tentakel

Material

- Maisgarn (100 % Mais; LL 96 m/50 g) in Rosa, 100 g
- Häkelnadel 3,75 mm
- Sticknadel
- Sicherheits-Tieraugen in Schwarz, ø 12 mm
- Füllmaterial
- feststellbarer Maschenmarkierer

Maschenprobe

8 Rd fM = Kreis von ø 8 cm

Hinweis

Der Körper wird von oben nach unten gehäkelt. Sie nähen die Tentakel an und stopfen den Köper aus, noch bevor Sie fertig gehäkelt haben. Wenn nicht anders angegeben, stechen Sie nur durch die hinteren M-Glieder ein (siehe Seite 59).

Dicke Tentakel (4x)

2 Lm anschl.
1. Rd: 6 fM in die 2. Lm ab Nd (= 6 M).
2. Rd: 2 fM in die folgende M (= 12 M).
3.-22. Rd: fM in jede M (= 12 M).

Dünne Tentakel (4x)

Lassen Sie ca. 5 cm Garn stehen und machen Sie die Anfangsschlinge. Häkeln Sie 70 Lm.

Körper

2 Lm anschl.
1. Rd: 6 fM in die 2. Lm ab Nd (= 6 M).
2. Rd: 2 fM in jede M (= 12 M).
3. Rd: (2 fM in die folgende M, fM in die folgende M) 6x (= 18 M).
4. Rd: (2 fM in die folgende M, fM in die folgenden 2 M) 6x (= 24 M).
5. Rd: (2 fM in die folgende M, fM in die folgenden 3 M) 6x (= 30 M).
6. Rd: (2 fM in die folgende M, fM in die folgenden 4 M) 6x (= 36 M).
7. Rd: (2 fM in die folgende M, fM in die folgenden 5 M) 6x (= 42 M).
8. Rd: (2 fM in die folgende M, fM in die folgenden 6 M) 6x (= 48 M).
9. Rd: (2 fM in die folgende M, fM in die folgenden 7 M) 6x (= 54 M).
10. Rd: (2 fM in die folgende M, fM in die folgenden 8 M) 6x (= 60 M).
11. Rd: (2 fM in die folgende M, fM in die folgenden 9 M) 6x (= 66 M).
12. Rd: (2 fM in die folgende M, fM in die folgenden 10 M) 6x (= 72 M).
13. Rd: (2 fM in die folgende M, fM in die folgenden 11 M) 6x (= 78 M).
14.-18. Rd: fM in jede M (= 78 M).
19. Rd: (2 fM zus, fM in die folgenden 11 M) 6x (= 72 M).
20. Rd: (2 fM zus, fM in die folgenden 10 M) 6x (= 66 M).
21. Rd: (2 fM zus, fM in die folgenden 9 M) 6x (= 60 M).
Setzen Sie in der 21. Rd einen Maschenmarkierer. Sie kommen später darauf zurück.
22. Rd: (2 fM zus, fM in die folgenden 8 M) 6x (= 54 M).
23. Rd: (2 fM zus, fM in die folgenden 7 M) 6x (= 48 M).
24. Rd: (2 fM zus, fM in die folgenden 6 M) 6x (= 42 M).
25. Rd: (2 fM zus, fM in die folgenden 5 M) 6x (= 36 M).
26. Rd: (2 fM zus, fM in die folgenden 4 M) 6x (= 30 M).

Rüsche

Erinnern Sie sich noch an die markierte 21. Runde? Nun kommen wir darauf zurück.

1. Rd: Setzen Sie ein neues Garnende an ein beliebiges vorderes M-Glied der 2. Rd. (Sie können das andere Ende des Knäuels benutzen). Häkeln Sie fM in die vorderen M-Glieder dieser Rd (= 60 M).

2. Rd: 2 fM in jede M (= 120 M).

3.+4. Rd: fM in jede M (= 120 M).

Garn beenden und vernähen.

Zwischenschritt

Befestigen Sie die Augen auf der 18. Rd, etwa 7 oder 8 M auseinander liegend. Stopfen Sie die dicken Tentakel nicht aus, so lose sehen sie besonders echt aus, schließlich handelt es sich hier um eine Qualle. Nähen Sie einen dicken Tentakel zwischen der 23. und 26. Rd des Körpers und die verbleibenden drei Tentakel gleichmäßig verteilt rund um den Körper. Nähen Sie einen dünnen Tentakel auf die 24. Rd des Körpers, mittig zwischen zwei dicke Tentakel. Dafür falten Sie die Lm-Kette zur Hälfte, ziehen die Garnenden durch den Körper hindurch und machen auf der Innenseite einen Knoten. Befestigen Sie die restlichen drei dünnen Tentakel ebenso, jeweils mittig zwischen zwei dicken. Stopfen Sie den Körper aus und häkeln Sie weiter.

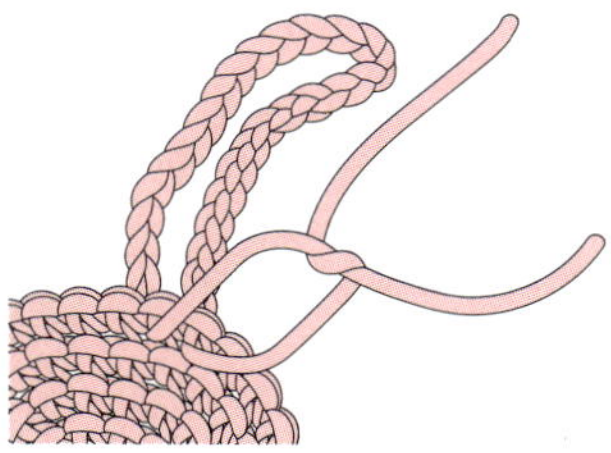

Die dünnen Tentakel an der Qualle befestigen.

Weiter mit dem Körper

Nehmen Sie das Garn an der 26. Rd wieder auf, und häkeln Sie weiter.
27. Rd: (2 fM zus, fM in die folgenden 3 M) 6x (= 24 M).
28. Rd: (2 fM zus, fM in die folgenden 2 M) 6x (= 18 M).
29. Rd: (2 fM zus, fM in die folgende M) 6x (= 12 M).
30. Rd: (2 fM zus) 6x (= 6 M).
31. Rd: Die folgende fM mit der folgenden 4. M zus, restliche M bleiben frei.
Garn mit einem Knoten beenden und in das Innere ziehen.

Mango, der Orang-Utan

Schwierigkeitsgrad

Größe

ca. 21,5 cm hoch

Material

- Seidengarn (100 % recycelte Seide, LL 137 m/50 g) in Braun, 100 g und in Apricot, 50 g
- Häkelnadel 5,0 mm
- Sticknadel
- Sicherheits-Tieraugen in Kupferrot, ø 12 mm
- Füllmaterial

Maschenprobe

6 Rd fM = Kreis von ø 7,5 cm (siehe Hinweis rechts)

Zur Maschenprobe

Wenn Sie Garn verarbeiten, das eine unregelmäßige Zwirnung hat (wie Seidengarn), kann Ihre Maschenprobe durchaus von der Vorgabe etwas abweichen. Wichtig ist, dass Ihnen das Aussehen der Häkelarbeit gefällt. Wechseln Sie die Nd-Stärke so lange, bis Sie zufrieden sind (siehe Seite 62).

Hinweis

Stechen Sie nur durch die hinteren M-Glieder (siehe Seite 59).

Kopf und Körper

Arbeiten Sie in Braun jeweils einen Kopf und einen Körper (siehe Seite 63).

Bein (2x)

Arbeiten Sie die Beine in Braun nach der Grundform „Arme“ (siehe Seite 63). Dies ist kein Tippfehler, dieser Orang-Utan hat dünne Beine!

Arm (2x)

In Braun 2 Lm anschl.
1. Rd: 6 fM in die 2. Lm ab Nd (= 6 M).
2. Rd: 2 fM in jede M (= 12 M).
3. Rd: (2 fM in die folgende M, fM in die folgende M) 6x (= 18 M).
4.-9. Rd: Km in die folgenden 6 M, fM in die folgenden 12 M (= 18 M).
10.-17. Rd: Km in die folgenden 6 M, fM in die folgenden 3 M, hStb in die folgenden 6 M, fM in die folgenden 3 M (= 18 M).

Gesicht

In Apricot 2 Lm anschl.
1. Rd: 6 fM in die 2. Lm ab Nd (= 6 M).
2. Rd: 2 fM in jede M (= 12 M).
3. Rd: (2 fM in die folgende M, fM in die folgende M) 6x (= 18 M).
4. Rd: (2 fM in die folgende M, fM in die folgenden 2 M) 6x (= 24 M).
5. Rd: (2 fM in die folgende M, fM in die folgenden 3 M) 6x (= 30 M).
6. Rd: (2 fM in die folgende M, fM in die folgenden 4 M) 6x (= 36 M).
7. Rd: (2 fM in die folgende M, fM in die folgenden 5 M) 6x (= 42 M).
8. Rd: (2 fM in die folgende M, fM in die folgenden 6 M) 6x (= 48 M).

Schnauze

In Apricot 2 Lm anschl.
1. Rd: 6 fM in die 2. Lm ab Nd (= 6 M).
2. Rd: 2 fM in jede M (= 12 M).
3. Rd: (2 fM in die folgende M, fM in die folgende M) 6x (= 18 M).
4. Rd: (2 fM in die folgende M, fM in die folgenden 2 M) 6x (= 24 M).
5. Rd: (2 fM in die folgende M, fM in die folgenden 3 M) 6x (= 30 M).
6. Rd: (2 fM in die folgende M, fM in die folgenden 4 M) 6x (= 36 M).
7.+8. Rd: fM in jede M (= 36 M).

Maul

In Apricot 4 Lm anschl.
1. Rd: 5 Stb in die 4. Lm ab Nd, wenden, (3 Lm zählen als 1 Stb, 6 Stb insgesamt).
2. Rd: 3 Lm (zählen als 1 Stb), Stb in die M an der Basis der 3 Lm, je 2 Stb in die folgenden 5 M (= 12 Stb).

Ohr (2x)

In Apricot 2 Lm anschl.
1. Rd: 6 fM in die 2. Lm ab Nd (= 6 M).
2. Rd: 2 fM in jede M (= 12 M).
3. Rd: (2 fM in die folgende M, fM in die folgende M) 6x (= 18 M).
4.-6. Rd: fM in jede M (= 18 M).

Zusammensetzen

Siehe Seite 60.

Untere Körperhälfte

Stopfen Sie die Beine aus und nähen Sie sie an die 8. Rd des Körpers an.

Stopfen Sie auch die Arme aus und nähen Sie sie 2 Rd oberhalb der Beine an. Sie können die Arme in viele verschiedene Positionen bringen: nach innen gebogen, nach oben gebogen, ganz wie Sie es möchten.

Obere Körperhälfte

Drücken Sie die Ohren flach (siehe Seite 61) und nähen Sie sie zwischen der 12. und 17. Rd des Kopfes an.

Befestigen Sie den Gesichtskreis auf der 8. Rd des Kopfes, mittig zwischen den Ohren.

Stopfen Sie die Schnauze aus und nähen Sie sie auf dem Gesichtskreis fest. Es sieht gut aus, wenn Sie die Schnauze etwas oval drücken und auf die untere Hälfte des Gesichtskreises nähen, sodass sie fast an dessen Unterkante liegt. Lassen Sie aber noch Platz für das Maul. Nähen Sie dies unter der Schnauze fest. Befestigen Sie die Augen oberhalb der Schnauze.

Obere und untere Hälfte zusammenfügen

Stopfen Sie den Körper und den Kopf aus. Arbeiten Sie mit dem langen Garnende des Kopfes und nähen Sie den Kopf auf den Körper. Ziehen Sie den Faden fest an, damit sich der Hals gut formt (siehe Seite 60).

Anmerkung zur Garnqualität

Das Motto von „Mango Moon Yarns“, dem Hersteller, bei dem ich meine Seidengarne beziehe, ist: „Verändere die Welt in kleinen Schritten, Masche für Masche“. Sie haben mit den Frauengruppen in Nepal und Indonesien eine Partnerschaft geschlossen und bringen deren wunderbare handgesponnene Garne in den Rest der Welt. Den Frauen ist dadurch ein Einkommen gesichert.

Ringo, die Schlange

Schwierigkeitsgrad

Größe
ca. 20 cm geringelt, ca. 60 cm lang gestreckt.

Material
- Milchgarn (50 % Milch, 50 % Soja, LL 145 m/50 g) in Hellblau, 100 g und in Natur, Rest
- Häkelnadel 3,75 mm
- Sticknadel
- Sicherheits-Tieraugen in Schwarz, ø 12 mm
- Füllmaterial
- 16 Maschenmarkierer (nach Belieben)

Maschenprobe
7 Rd fM = Kreis von ø 6,5 cm

Hinweis

Die wechselweise angewendeten fM und Km formen den gebogenen Körper. Der Körper wird von der Schwanzspitze bis zum Kopf durchgehend gehäkelt. Während der Arbeit stopfen Sie den Körper aus, damit Ihre Hand noch bequem ins Innere fassen kann. Stechen Sie nur durch die hinteren M-Glieder (siehe Seite 59).

Auge (2x)

In Weiß 2 Lm anschl.
1. Rd: 6 fM in die 2. Lm ab Nd (= 6 M).
2. Rd: 2 fM in jede M (= 12 M).
3. Rd: (2 fM in die folgende M, fM in die folgende M) 6x (= 18 M).
4.+5. Rd: fM in jede M (= 18 M).
6. Rd: (2 fM zus, fM in die folgende M) 6x (= 12 M).

Körper

In Hellblau 2 Lm anschl.
1. Rd: 6 fM in die 2. Lm ab Nd (= 6 M).
2.-4. Rd: fM in jede M (= 6 M).
5. Rd: (2 fM in die folgende M, fM in die folgende M) 3x (= 9 M).
6.-8. Rd: fM in jede M (= 9 M).
9. Rd: (2 fM in die folgende M, fM in die folgenden 2 M) 3x (= 12 M).
10.-13. Rd: Km in die folgenden 6 M, fM in die folgenden 6 M (= 12 M).
14. Rd: (2 fM in die folgende M, fM in die folgende M) 6x (= 18 M).
15.-20. Rd: Km in die folgenden 9 M, fM in die folgenden 9 M (= 18 M).
21. Rd: (2 fM in die folgende M, fM in die folgenden 2 M) 6x (= 24 M).
22.-29. Rd: Km in die folgenden 12 M, fM in die folgenden 12 M (= 24 M).
30. Rd: (2 fM in die folgende M, fM in die folgenden 3 M) 6x (= 30 M).
31.-38. Rd: Km in die folgenden 15 M, fM in die folgenden 15 M (= 30 M).
39. Rd: (2 fM in die folgende M, fM in die folgenden 4 M) 6x (= 36 M).

Anmerkung zur Garnqualität

Sojafasern sind sehr umweltfreundlich, denn sie sind ein Nebenprodukt bei der Tofu-Herstellung. Sojafasern werden ähnlich wie Bambusfasern hergestellt und ergeben ein Garn, das sich seidenweich anfühlt.

Zwischenschritt

Stopfen Sie die Schlange immer wieder zwischendurch aus, etwa alle 10 cm, denn das Ausstopfen einer längeren Schlange ist sehr mühsam.

40.-199. Rd: Km in die folgenden 18 M, fM in die folgenden 18 M (= 36 M).

Maschen zählen

Die für den Schlangenkörper erforderlichen 200 Rd zu zählen, scheint auf den ersten Blick sehr mühevoll zu sein, aber keine Sorge. Wenn Sie die 40. Rd erreicht haben, setzen Sie alle 10 Rd einen Maschenmarkierer. Mit dem 16. Markierer haben Sie es geschafft!

200. Rd: (2 fM in die folgende M, fM in die folgenden 5 M) 6x (= 42 M).
201. Rd: (2 fM in die folgende M, fM in die folgenden 6 M) 6x (= 48 M).
202. Rd: (2 fM in die folgende M, fM in die folgenden 7 M) 6x (= 54 M).
203. Rd: (2 fM in die folgende M, fM in die folgenden 8 M) 6x (= 60 M).
204.-213. Rd: fM in jede M (= 60 M).
214. Rd: (2 fM zus, fM in die folgenden 8 M) 6x (= 54 M).
215. Rd: fM in jede M (= 54 M).
216. Rd: (2 fM zus, fM in die folgenden 7 M) 6x (= 48 M).
217. Rd: fM in jede M (= 48 M).
218. Rd: (2 fM zus, fM in die folgenden 6 M) 6x (= 42 M).
219. Rd: (2 fM zus, fM in die folgenden 5 M) 6x (= 36 M).
220. Rd: (2 fM zus, fM in die folgenden 4 M) 6x (= 30 M).
Nd aus der M nehmen, aber nicht den Faden beenden.

Zwischenschritt

Befestigen Sie die Sicherheits-Tieraugen auf der 4. Rd der gehäkelten Augen. Stopfen Sie die Augen aus und nähen Sie sie zwischen der 211. und 213. Rd auf. Stopfen Sie den Kopf aus und häkeln Sie weiter.

221. Rd: (2 fM zus, fM in die folgenden 3 M) 6x (= 24 M).
222. Rd: fM in jede M (= 24 M).
223. Rd: (2 fM zus, fM in die folgenden 2 M) 6x (= 18 M).
224. Rd: (2 fM zus, fM in die folgende M) 6x (= 12 M).

Zwischenschritt

Stopfen Sie etwas mehr Füllwatte in den Kopf und häkeln Sie weiter.

225. Rd: (2 fM zus) 6x (= 6 M).
226. Rd: Die folgende fM mit der folgenden 4. M zus, restliche M frei lasen.
Faden mit einem Knoten beenden und nach innen ziehen.

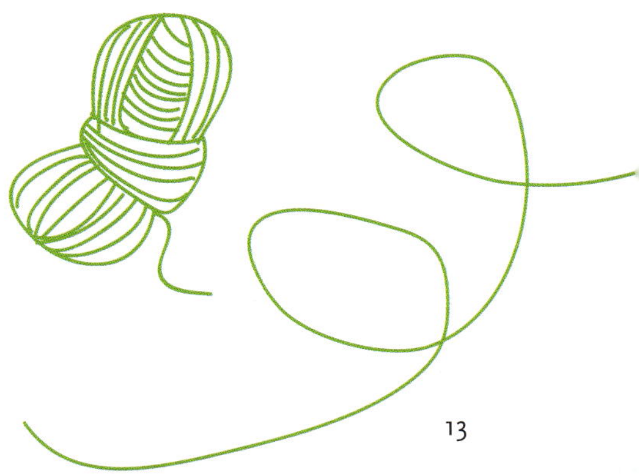

Freddy, die Schnecke

Schwierigkeitsgrad

Größe

ca. 25 cm x 28 cm

Material

Schnecke mit Schneckenhaus in Türkis

- Baumwollgarn (100 % biologische Baumwolle, LL 137 m/100 g) in Sand und Türkis, je 100 g und in Weiß, Rest (ca. 20 m)

Schnecke mit Schneckenhaus in Grün

- Baumwollgarn (100 % biologische Baumwolle, LL 137 m/100 g) in Rosa und Grasgrün, je 100 g und in Weiß, Rest (ca. 20 m)

- Häkelnadel 5,0 mm
- Sticknadel
- Sicherheits-Tieraugen in Schwarz, ø 12 mm
- Füllmaterial

Maschenprobe

6 Rd fM = Kreis von ø 7,5 cm

Hinweis

Die Schnecke wird vom Kopf bis zum Bauch in einem Stück gehäkelt. Während des Vorwärtsarbeitens nähen Sie gleich die Teile an und stopfen den Körper aus, damit Sie noch bequem mit den Händen ins Innere greifen können. Stechen Sie nur durch die hinteren M-Glieder ein (siehe Seite 59).

Schneckenhaus

In Türkis/Grasgrün 2 Lm anschl.

1. Rd: 6 fM in die 2. Lm ab Nd (= 6 M).
2. Rd: 2 fM in jede M (= 12 M).
3. Rd: fM in jede M (= 12 M).
4. Rd: (2 fM zus) 6x (= 6 M).
5. Rd: 2 fM in jede M (= 12 M).
6. Rd: (2 fM in die folgende M, fM in die folgende M) 6x (= 18 M).
7. Rd: (2 fM in die folgende M, fM in die folgenden 2 M) 6x (= 24 M).
8. Rd: fM in jede M (= 24 M).
9. Rd: (2 fM zus, fM in die folgenden 2 M) 6x (= 18 M).
10. Rd: (2 fM in die folgende M, fM in die folgenden 2 M) 6x (= 24 M).
11. Rd: (2 fM in die folgende M, fM in die folgenden 3 M) 6x (= 30 M).
12. Rd: (2 fM in die folgende M, fM in die folgenden 4 M) 6x (= 36 M).
13. Rd: (2 fM in die folgende M, fM in die folgenden 5 M) 6x (= 42 M).
14. Rd: fM in jede M (= 42 M).
15. Rd: (2 fM zus, fM in die folgenden 5 M) 6x (= 36 M).
16. Rd: (2 fM in die folgende M, fM in die folgenden 5 M) 6x (= 42 M).
17. Rd: (2 fM in die folgende M, fM in die folgenden 6 M) 6x (= 48 M).
18. Rd: (2 fM in die folgende M, fM in die folgenden 7 M) 6x (= 54 M).
19. Rd: (2 fM in die folgende M, fM in die folgenden 8 M) 6x (= 60 M).
20.-29. Rd: fM in jede M (= 60 M).
30. Rd: (2 fM zus, fM in die folgenden 8 M) 6x (= 54 M).
31. Rd: (2 fM zus, fM in die folgenden 7 M) 6x (= 48 M).
32. Rd: (2 fM zus, fM in die folgenden 6 M) 6x (= 42 M).

Schneckenfuß

In Sand/Rosa 2 Lm anschl.
1. Rd: 6 fM in die 2. Lm ab Nd (= 6 M).
2. Rd: 2 fM in jede M (= 12 M).
3.+4. Rd: fM in jede M (= 12 M).
5. Rd: (2 fM die folgende M, fM in die folgende M) 6x (= 18 M).
6. Rd: (2 fM die folgende M, fM in die folgenden 2 M) 6x (= 24 M).
7.-9. Rd: fM in jede M (= 24 M).
10. Rd: (2 fM in die folgende M, fM in die folgenden 3 M) 6x (= 30 M).
11.-15. Rd: fM in jede M (= 30 M).

Fühler (2x)

In Sand/Rosa 2 Lm anschl.
1. Rd: 6 fM in die 2. Lm ab Nd (= 6 M).
2.-7. R: fM in jede M (= 6 M).

Auge (2x)

In Weiß 2 Lm anschl.
1. Rd: 6 fM in die 2. Lm ab Nd (= 6 M).
2. Rd: 2 fM in jede M (= 12 M).
3. Rd: (2 fM die folgende M, fM in die folgende M) 6x (= 18 M).
4.+5. Rd: fM in jede M (= 18 M).
6. Rd: (2 fM zus, fM in die folgende M) 6x (= 12 M).

Nase

In Sand/Rosa 2 Lm anschl.
1. Rd: 6 fM in die 2. Lm ab Nd (= 6 M).
2. Rd: 2 fM in jede M (= 12 M).
3. Rd: (2 fM in die folgende M, fM in die folgende M) 6x (= 18 M).
4.-6. Rd: fM in jede M (= 18 M).

Mund

Die blaue Schnecke hat einen kleinen Mund, die grüne Schnecke einen großen.
Mit Sand/Rosa 4 Lm anschl.
1. R: 5 Stb in die 4. Lm ab Nd (die 3 Lm zählen als 1 Stb = 6 Stb).
Kleiner Mund: Mit langem Faden beenden.
Großer Mund: Faden nicht beenden, nächste R arbeiten.
2. R: 3 Lm (zählen als 1 Stb), Stb in die Basis der 3 Lm, je 2 Stb in die folgenden 5 M (= 12 Stb).

Kopf und Körper

In Sand/Rosa 2 Lm anschl.
1. Rd: 6 fM in die 2. Lm ab Nd (= 6 M).
2. Rd: 2 fM in jede M (= 12 M).
3. Rd: (2 fM in die folgende M, fM in die folgende M) 6x (= 18 M).
4. Rd: (2 fM in die folgende M, fM in die folgenden 2 M) 6x (= 24 M).
5. Rd: (2 fM in die folgende M, fM in die folgenden 3 M) 6x (= 30 M).
6. Rd: (2 fM in die folgende M, fM in die folgenden 4 M) 6x (= 36 M).
7.-10. Rd: fM in jede M (= 36 M).
11. Rd: (2 fM zus, fM in die folgenden 4 M) 6x (= 30 M).
12. Rd: (2 fM zus, fM in die folgenden 3 M) 6x (= 24 M).
Nd aus der M nehmen, Faden aber nicht beenden.

Zwischenschritt

Befestigen Sie die Augen auf der 4. Rd der gehäkelten Augen (siehe Seite 53). Stopfen Sie die Augen aus und nähen Sie sie an die 6. Rd auf den Kopf. Nähen Sie die Fühler hinter den Augen auf. Stopfen Sie die Nase aus und nähen Sie sie mittig auf die Kopfvorderseite. Nähen Sie den Mund unterhalb der Nase auf. Stopfen Sie den Kopf aus und häkeln Sie weiter.

13. Rd: (2 fM zus, fM in die folgenden 2 M) 6x (= 18 M).
14.-18. Rd: fM in jede M (= 18 M).
19. Rd: (2 fM in die folgende M, fM in die folgenden 2 M) 6x (= 24 M).
20. Rd: (2 fM in die folgende M, fM in die folgenden 3 M) 6x (= 30 M).
21. Rd: (2 fM in die folgende M, fM in die folgenden 4 M) 6x (= 36 M).
22. Rd: (2 fM in die folgende M, fM in die folgenden 5 M) 6x (= 42 M).
23. Rd: (2 fM in die folgende M, fM in die folgenden 6 M) 6x (= 48 M).
24.-31. Rd: fM in jede M (= 48 M).
32. Rd: (2 fM zus, fM in die folgenden 6 M) 6x (= 42 M).
33. Rd: (2 fM zus, fM in die folgenden 5 M) 6x (= 36 M).
34. Rd: (2 fM zus, fM in die folgenden 4 M) 6x (= 30 M).
Häkelnd aus der M nehmen, Faden aber nicht beenden.

Zusammensetzen

Stopfen Sie den Hals aus. Stopfen Sie nun auch das Schneckenhaus aus und nähen Sie die Unterkante des Hauses an die 31. Rd des Körpers. Die Oberkante der Hausöffnung sollte bis zur 22. Rd reichen. Stopfen Sie den Fuß der Schnecke leicht aus, drücken Sie ihn flach und befestigen Sie ihn auf der gleichen Rd wie das Haus. Wenn Sie möchten, können Sie mit restlichem Garn den Fuß am Haus festheften. Stopfen Sie den Körper aus und häkeln Sie weiter.

35. Rd: (2 fM zus, fM in die folgenden 3 M) 6x (= 24 M).
36. Rd: (2 fM zus, fM in die folgenden 2 M) 6x (= 18 M).
37. Rd: (2 fM zus, fM in die folgende M) 6x (= 12 M).
38. Rd: (2 fM zus) 6x (= 6 M).
39. Rd: Die folgende fM mit der folgenden 4. M zus, restliche M frei lassen
Garn mit einem Knoten beenden und nach innen ziehen.

Wally, das Walross

Schwierigkeitsgrad

Größe
ca. 11,5 cm hoch, 28 cm lang

Material
- Alpakagarn (100 % ungefärbtes Baby-Alpaka, LL 200 m/100 g) in Braun und Weiß, je 100 g
- Häkelnadel 4,0 mm
- Sticknadel
- Sicherheits-Tieraugen in Schwarz, ø 12 mm
- Füllmaterial

Maschenprobe
7 Rd fM = Kreis von ø 6,5 cm

Hinweis

Der Körper wird vom Schwanz ausgehend bis zum Kopf durchgehend gehäkelt. Während der Arbeit nähen Sie die anderen Teile an und stopfen Sie das Tier aus, damit Sie noch bequem mit den Händen im Inneren arbeiten können. Stechen Sie nur durch die hinteren M-Glieder ein (siehe Seite 59).

Vorderflosse (2x)

In Braun 2 Lm anschl.
1. Rd: 6 fM in die 2. Lm ab Nd (= 6 M).
2. Rd: 2 fM in jede M (= 12 M).
3.-11. Rd: fM in jede M (= 12 M).

Schnauze

In Braun 6 Lm anschl.
1. Rd: Wenden, * 2 fM in die 2. Lm ab Nd, fM in die folgenden 3 M, 2 fM in die folgende M *, nicht wenden, aber drehen, um die Unterkante der Lm-Kette zu bearbeiten (siehe Seite 58), von * bis * 1x wdh (= 14 M).
2. Rd: (fM in die folgende M, 2 fM in die folgende M, fM in die folgenden 3 M, 2 fM in die folgende M, fM in die folgende M) 2x (= 18 M).
3. Rd: (fM in die folgenden 2 M, 2 fM in die folgende M, fM in die folgenden 3 M, 2 fM in die folgende M, fM in die folgenden 2 M) 2x (= 22 M).
4. Rd: (fM in die folgenden 3 M, 2 fM in die folgende M, fM in die folgenden 3 M, 2 fM in die folgende M, fM in die folgenden 3 M) 2x (= 26 M).
5.-7. Rd: fM in jede M (= 26 M).

Stoßzahn (2x)

In Weiß 2 Lm anschl.
1. Rd: 6 fM in die 2. Lm ab Nd (= 6 M).
2. Rd: (2 fM in die folgende M, fM in die folgende M) 3x (= 9 M).
3.-5. Rd: fM in jede M (= 9 M).

Schwanzflosse (2x)

In Braun 2 Lm anschl.
1. Rd: 6 fM in die 2. Lm ab Nd (= 6 M).
2. Rd: fM in jede M (= 6 M).
3. Rd: 2 fM in jede M (= 12 M).
4.+5. Rd: fM in jede M (= 12 M).
6. Rd: (2 fM in die folgende M, fM in die folgende M) 6x (= 18 M).
7.-9. Rd: fM in jede M (= 18 M).

An der ersten Flosse den Faden beenden, bei der zweiten Flosse den Faden nicht beenden.

Körper

10. Rd (an den Schwanzflossen ansetzen)**:** fM in 9 M der 9. Rd mit dem Garn der zweiten Schwanzflosse, fM in jede M der 9. Rd der abgeschlossenen ersten Schwanzflosse, fM in die restlichen 9 M der zweiten Schwanzflosse (die mit dem langen Garn) (= 36 M).
11.+12. Rd: fM in jede M (= 36 M).

Zwischenschritt

Sollte sich zwischen den beiden Schwanzflossen ein kleiner Spalt gebildet haben, nähen Sie diesen mit einem Stück Garn in Braun und mit einer Sticknd zu. Ziehen Sie zwei gegenüberliegende M der Spalte zus, verknoten Sie das Garn und ziehen Sie den Knoten nach innen. Schon fertig. Stopfen Sie den Schwanz aus und häkeln Sie weiter.

13. Rd: (2 fM zus, fM in die folgenden 4 M) 6x (= 30 M).
14. Rd: (2 fM zus, fM in die folgenden 3 M) 6x (= 24 M).
15.-17. Rd: fM in jede M (= 24 M).
18. Rd: (2 fM in die folgende M, fM in die folgenden 3 M) 6x (= 30 M).
19.-22. Rd: fM in jede M (= 30 M).
23. Rd: (2 fM in die folgende M, fM in die folgenden 4 M) 6x (= 36 M).
24.-29. Rd: fM in jede M (= 36 M).
30. Rd: (2 fM in die folgende M, fM in die folgenden 5 M) 6x (= 42 M).
31.-37. Rd: fM in jede M (= 42 M).

Nun in R vor- und zurückarbeiten, um den Körper zu formen.
1. R: fM in die folgenden 34 M, wenden, restliche M frei lassen.
2. R: 1 Lm, fM in die folgenden 33 M, wenden, restliche M frei lassen.
3.-15. R: 1 Lm, fM in jede M, letzte M der R frei lassen wenden, nach der 15. R nicht wenden (= 20 M am Ende der 15. R).
Ab jetzt wieder in Rd arbeiten.
1. Rd: 1 fM in 7 frei gelassene M an der ersten Seitenkante des Körpers, fM in die folgenden 8 M, fM in 7 frei gelassenen M an der zweiten Seitenkante des Körpers, fM in 20 M (= 42 M).

2.-14. Rd: fM in jede M (= 42 M).
15. Rd: (2 fM zus, fM in die folgenden 5 M) 6x (= 36 M).
16. Rd: (2 fM zus, fM in die folgenden 4 M) 6x (= 30 M).
17. Rd: (2 fM zus, fM in die folgenden 3 M) 6x (= 24 M).

Zwischenschritt

Drücken Sie die Vorderflossen flach (siehe Seite 61) und nähen Sie sie an den dreieckigen Bereich an den Seiten des Körpers, dort, wo in R gehäkelt wurde. Stopfen Sie die Stoßzähne aus und nähen Sie sie an die Unterkante der Schnauze. Stopfen Sie die Schnauze aus und befestigen Sie sie auf der 15. Rd des Kopfes. Bringen Sie die Augen auf der 17. Rd des Kopfes an. Stopfen Sie den Körper aus und häkeln Sie weiter.

18. Rd: (2 fM zus, fM in die folgenden 2 M) 6x (= 18 M).
19. Rd: (2 fM zus, fM in die folgende M) 6x (= 12 M).

Zwischenschritt

Drücken Sie noch etwas mehr Füllwatte in das Tier, um den Oberkopf zu runden.

20. Rd: (2 fM zus) 6x (= 6 M).
21. Rd: Die folgende fM mit der folgenden 4. M zus, restliche M frei lassen. Garn mit einem Knoten beenden und nach innen ziehen.

Lala, der Panda

Schwierigkeitsgrad

Größe
ca. 18 cm hoch

Material
- Bambusgarn (80 % Bambus, 20 % Merinowolle, LL 84 m/50 g) in Weiß und Schwarz, je 50 g
- Häkelnadel 4,0 mm
- Sticknadel
- Sicherheits-Tieraugen in Weiß, ø 12 mm
- Füllmaterial

Maschenprobe
6 Rd fM = Kreis von ø 6,5 cm

Hinweis

Stechen Sie nur durch die hinteren M-Glieder (siehe Seite 59).

Körper

In Weiß 2 Lm anschl.
1. Rd: 6 fM in die 2. Lm ab Nd (= 6 M).
2. Rd: 2 fM in jede M (= 12 M).
3. Rd: (2 fM in die folgende M, fM in die folgende M) 6x (= 18 M).
4. Rd: (2 fM in die folgende M, fM in die folgenden 2 M) 6x (= 24 M).
5. Rd: (2 fM in die folgende M, fM in die folgenden 3 M) 6x (= 30 M).
6. Rd: (2 fM in die folgende M, fM in die folgenden 4 M) 6x (= 36 M).
7. Rd: (2 fM in die folgende M, fM in die folgenden 5 M) 6x (= 42 M).
8. Rd: (2 fM in die folgende M, fM in die folgenden 6 M) 6x (= 48 M).
9. Rd: (2 fM in die folgende M, fM in die folgenden 7 M) 6x (= 54 M).
10. Rd: (2 fM in die folgende M, fM in die folgenden 8 M) 6x (= 60 M).
11.-17. Rd: fM in jede M (= 60 M).
18.-20. Rd: In Schwarz fM in jede M (= 60 M).
21. Rd: (2 fM zus, fM in die folgenden 8 M) 6x (= 54 M).
22. Rd: (2 fM zus, fM in die folgenden 7 M) 6x (= 48 M).
23. Rd: (2 fM zus, fM in die folgenden 6 M) 6x (= 42 M).

Kopf

Arbeiten Sie in Weiß einen Kopf (siehe Seite 63, Grundformen).

Bein (2x)

Arbeiten Sie die Beine in Schwarz (Seite 63, Grundformen).

Arm (2x)

In Schwarz 2 Lm anschl.
1. Rd: 6 fM in die 2. Lm ab Nd (= 6 M).
2. Rd: 2 fM in jede M (= 12 M).
3. Rd: (2 fM in die folgende M, fM in die folgende M) 6x (= 18 M).
4.-9. Rd: Km in die folgenden 6 M, fM in die folgenden 12 M (= 18 M).
10.-17. Rd: Km in die folgenden 6 M, fM in die folgenden 3 M, hStb in die folgenden 6 M, fM in die folgenden 3 M (= 18 M).

Augenkreis (2x)

In Schwarz 2 Lm anschl.
1. Rd: 6 fM in die 2. Lm ab Nd (= 6 M).
2. Rd: 2 fM in jede M (= 12 M).
3. Rd: (2 fM in die folgende M, fM in die folgende M) 6x (= 18 M).

Schnauze

In Weiß 2 Lm anschl.
1. Rd: 6 fM in die 2. Lm ab Nd (= 6 M).
2. Rd: 2 fM in jede M (= 12 M).
3. Rd: (2 fM in die folgende M, fM in die folgende M) 6x (= 18 M).
4. Rd: (2 fM in die folgende M, fM in die folgenden 2 M) 6x (= 24 M).
5. Rd: (2 fM in die folgende M, fM in die folgenden 3 M) 6x (= 30 M).
6.+7. Rd: fM in jede M (= 30 M).

Nase

In Schwarz 2 Lm anschl.
6 fM in die 2. Lm ab Nd (= 6 M).

Maul

In Weiß 4 Lm anschl.
5 Stb in die 4. Lm ab Nd, wenden, (3 Lm zählen als 1 Stb, 6 Stb insgesamt).

Ohr (2x)

In Schwarz 2 Lm anschl.
1. Rd: 6 fM in die 2. Lm ab Nd (= 6 M).
2. Rd: 2 fM in jede M (= 12 M).
3. Rd: (2 fM in die folgende M, fM in die folgende M) 6x (= 18 M).
4.+5. Rd: fM in jede M (= 18 M).

Zusammensetzen

Siehe Seite 60.

Untere Körperhälfte

Stopfen Sie die Beine aus und nähen Sie sie an die 10. Rd des Körpers an. Legen Sie die Beine nach vorn, damit der Panda selbstständig sitzt. Stopfen Sie auch die Arme aus und nähen Sie sie 1 Rd oberhalb der Beine an. Sie können die Arme in viele verschiedene Positionen bringen: nach innen gebogen, nach oben gebogen, wie Sie möchten.

Obere Körperhälfte

Drücken Sie die Ohren flach (siehe Seite 61) und nähen Sie die Oberkante ab der 7. Rd an den Kopf.
Befestigen Sie die Nase auf der Schnauze. Drücken Sie die Schnauze etwas oval und nähen Sie die Nase auf die obere Hälfte der Schnauze.
Stopfen Sie die Schnauze aus und nähen Sie die Oberkante ab der 11. Rd mittig auf den Kopf. Nähen Sie die flache Kante des Mauls unter der Schnauze fest. Befestigen Sie die Augenkreise oberhalb, rechts und links von der Schnauze. Es sieht am besten aus, wenn Sie die Augenkreise etwas oval ziehen, sodass sie höher sind als breit. Befestigen Sie die Augen mittig auf den Augenkreisen.

Obere und untere Körperhälfte zusammenfügen

Stopfen Sie den Körper und den Kopf aus. Arbeiten Sie mit dem langen Garnende des Kopfes und nähen Sie den Kopf auf den Körper. Ziehen Sie dabei den Faden sehr fest an, damit sich der Hals gut ausbildet (siehe Seite 60).

Andy, das Alpaka

Schwierigkeitsgrad

Größe
ca. 20 cm hoch

Material
Dunkles Alpaka
- Öko-Alpakagarn (100 % ungefärbte Baby-Alpaka-Wolle, LL 200 m/100 g) in Braun, 100 g und in Schwarz, Rest

Helles Alpaka
- Öko-Alpakagarn (100 % ungefärbte Baby-Alpaka-Wolle, LL 200 m/100 g) in Beige, 100 g und in Schwarz, Rest

- Häkelnadel 5,0 mm
- Sticknadel
- Sicherheits-Tieraugen in Schwarz, ø 12 mm
- Füllmaterial

Maschenprobe
8 Rd fM = Kreis von ø 7,5 cm

Hinweis

Der Körper wird vom Kopf ausgehend nach unten gehäkelt. Sie nähen die Gliedmaßen im Vorwärtsarbeiten an und stopfen das Tier gleichzeitig aus, solange Sie mit den Händen bequem ins Innere reichen können.

Die gehäkelten Schlingen (siehe Seite 56) liegen auf der linken Arbeitsseite, deshalb häkeln Sie das Teil von innen nach außen. Keine Sorge, ich gebe Bescheid, wenn Sie es wenden müssen. Stechen Sie nur in die hinteren M-Glieder ein (siehe Seite 59).

Bein (4x)

In Schwarz 2 Lm anschl.
1. Rd: 6 fM in die 2. Lm ab Nd (= 6 M).
2. Rd: 2 fM in jede M (= 12 M).
3. Rd: (2 fM in die folgende M, fM in die folgende M) 6x (= 18 M).
4.+5. Rd: fM in jede M (= 18 M).
6.-11. Rd: In Braun fM in jede M (= 18 M).

Nase

In Schwarz 2 Lm anschl.
6 fM in die 2. Lm ab Nd (= 6 M).

Schnauze

In Braun 2 Lm anschl.
1. Rd: 6 fM in die 2. Lm ab Nd (= 6 M).
2. Rd: 2 fM in jede M (= 12 M).
3. Rd: (2 fM in die folgende M, fM in die folgende M) 6x (= 18 M).
4.-6. Rd: fM in jede M (= 18 M).

Maul

In Braun 4 Lm anschl.
5 Stb in die 4. Lm ab Nd (die 3 Lm zählen als 1 Stb, 6 Stb insgesamt).

Ohr (2x)

In Braun 2 Lm anschl.
1. Rd: 6 fM in die 2. Lm ab Nd (= 6 M).
2. Rd: 2 fM in jede M (= 12 M).
3. Rd: (2 fM in die folgende M, fM in die folgende M) 6x (= 18 M).
4. Rd: (2 fM in die folgende M, fM in die folgenden 2 M) 6x (= 24 M).
5.-7. Rd: fM in jede M (= 24 M).
8. Rd: (2 fM zus, fM in die folgenden 2 M) 6x (= 18 M).
9. Rd: (2 fM zus, fM in die folgende M) 6x (= 12 M).

Kopf

In Braun 2 Lm anschl.
1. Rd: 6 fM in die 2. Lm ab Nd (= 6 M).
2. Rd: 2 Schlingen-M in jede M (= 12 M).
3. Rd: (2 Schlingen-M in die folgende M, Schlingen-M in die folgende M) 6x (= 18 M).
4. Rd: (2 Schlingen-M in die folgende M, Schlingen-M in die folgenden 2 M) 6x (= 24 M).
5. Rd: (2 Schlingen-M in die folgende M, Schlingen-M in die folgenden 3 M) 6x (= 30 M).
6. Rd: (2 Schlingen-M in die folgende M, Schlingen-M in die folgenden 4 M) 6x (= 36 M).
7. Rd: (2 Schlingen-M in die folgende M, Schlingen-M in die folgenden 5 M) 6x (= 42 M).
8. Rd: (2 Schlingen-M in die folgende M, Schlingen-M in die folgenden 6 M) 6x (= 48 M).
9.-14. Rd: Schlingen-M in die folgenden 24 M, fM in die folgenden 24 M (= 48 M).

Hals

15. Rd: (2 Schlingen-M zus, Schlingen-M in die folgenden 6 M) 3x, (2 Schlingen-M zus, fM in die folgenden 6 M) 3x (= 42 M).
16. Rd: (2 Schlingen-M zus, Schlingen-M in die folgenden 5 M) 3x, (2 Schlingen-M zus, fM in die folgenden 5 M) 3x (= 36 M).
17. Rd: (2 Schlingen-M zus, Schlingen-M in die folgenden 4 M) 3x, (2 Schlingen-M zus, fM in die folgenden 4 M) 3x (= 30 M).
18. Rd: (2 Schlingen-M zus, Schlingen-M in die folgenden 3 M) 3x, (2 Schlingen-M zus, fM in die folgenden 3 M) 3x (= 24 M).
19.-22. Rd: Schlingen-M in die folgenden 12 M, fM in die folgenden 12 M (= 24 M).
Nd aus der M nehmen, aber Faden nicht beenden.

Zwischenschritt

Wenden Sie das Alpaka, sodass die Schlingenseite außen liegt und nähen Sie die Teile am Kopf an. Da wegen der Schlingen die Anzahl der Rd schwierig festzustellen ist, sind sie hier nicht angegeben. Orientieren Sie sich daher am Foto. Drücken Sie die Ohren flach (siehe Seite 61) und nähen Sie sie an die Seiten des Kopfes. Stopfen Sie die Schnauze aus, drücken Sie sie in eine ovale Form und nähen Sie sie mittig auf das Gesicht. Befestigen Sie die Augen oberhalb der Schnauze. Nähen Sie die flache Kante des Mauls unterhalb der Schnauze fest.

Rest des Körpers

23. Rd: (2 Schlingen-M in die folgende M, Schlingen-M in die folgenden 3 M) 3x, (2 fM in die folgende M, fM in die folgenden 3 M) 3x (= 30 M).
24. Rd: (2 Schlingen-M in die folgende M, Schlingen-M in die folgenden 4 M) 3x, (2 fM in die folgende M, fM in die folgenden 4 M) 3x (= 36 M).
25. Rd: (2 Schlingen-M in die folgende M, Schlingen-M in die folgenden 5 M) 3x, (2 fM in die folgende M, fM in die folgenden 5 M) 3x (= 42 M).
26. Rd: (2 Schlingen-M in die folgende M, Schlingen-M in die folgenden 6 M) 3x, (2 fM in die folgende M, fM in die folgenden 6 M) 3x (= 48 M).
27. Rd: (2 Schlingen-M in die folgende M, Schlingen-M in die folgenden 7 M) 3x, (2 fM in die folgende M, fM in die folgenden 7 M) 3x (= 54 M).
28. Rd: (2 Schlingen-M in die folgende M, Schlingen-M in die folgenden 8 M) 3x, (2 fM in die folgende M, fM in die folgenden 8 M) 3x (= 60 M).
29.-38. Rd: Schlingen-M in die folgenden 30 M, fM in die folgenden 30 M) (= 60 M).
39. Rd: (2 fM zus, fM in die folgenden 8 M) 6x (= 54 M).
40. Rd: (2 fM zus, fM in die folgenden 7 M) 6x (= 48 M).
Nd aus der M nehmen, aber Faden nicht beenden.

Zwischenschritt

Stopfen Sie die Arme und Beine aus und nähen Sie sie am Körper fest, die mit der Unterkante auf der 38. Rd beginnen, die Arme 2 oder 3 Rd höher als die Beine. Denken Sie daran, die Schlingenseite außen zu haben. Häkeln Sie weiter.

41. Rd: (2 fM zus, fM in die folgenden 6 M) 6x (= 42 M).
42. Rd: (2 fM zus, fM in die folgenden 5 M) 6x (= 36 M).
43. Rd: (2 fM zus, fM in die folgenden 4 M) 6x (= 30 M).
44. Rd: (2 fM zus, fM in die folgenden 3 M) 6x (= 24 M).
45. Rd: (2 fM zus, fM in die folgenden 2 M) 6x (= 18 M).
46. Rd: (2 fM zus, fM in die folgenden M) 6x (= 12 M).

Zwischenschritt

Stopfen Sie den Körper aus und häkeln Sie weiter.

47. Rd: (2 fM zus) 6x (= 6 M).
48. Rd: Die folgende fM mit der folgenden 4. M zus, restliche M frei lassen.
Faden mit einem Knoten beenden und ins Innere ziehen.

Anmerkung zur Garnqualität

Wussten Sie, dass es Alpakas in 50 verschiedenen Felltönungen gibt? Das Spektrum reicht von Weiß über Beige, Braun, Grau und Schwarz, mit sämtlichen Zwischentönen. Diese Alpakawolle ist ausschließlich aus natürlichem, ungefärbtem Alpakahaar gewonnen und wird in elf verschiedenen Farben angeboten.

Finn, der Fisch

Schwierigkeitsgrad

Größe
ca. 20 cm hoch, 30,5 cm lang

Material
- Baumwollgarn (100 % biologische Baumwolle, LL 137 m/100 g) in Orange und Pink, je 100 g und in Weiß, Rest
- Häkelnadel 5,0 mm
- Sticknadel
- Sicherheits-Tieraugen in Schwarz, ø 12 mm
- Füllmaterial

Maschenprobe
6 Rd fM = Kreis von ø 7,5 cm

Hinweis
Der Körper wird vom Schwanz ausgehend bis zum Kopf durchgehend gehäkelt. Während der Arbeit nähen Sie die anderen Teile an und stopfen Sie das Tier aus, damit Sie noch bequem mit den Händen im Inneren arbeiten können. Stechen Sie nur durch die hinteren M-Glieder ein (siehe Seite 59).

Rückenflosse
Beginnen Sie mit zwei „Höckern“.
In Orange 2 Lm anschl.
1. Rd: 6 fM in die 2. Lm ab Nd (= 6 M).
2. Rd: 2 fM in jede M (= 12 M).
3. Rd: (2 fM in die folgende M, fM in die folgende M) 6x (= 18 M).
4. Rd: (2 fM in die folgende M, fM in die folgenden 2 M) 6x (= 24 M).
5. Rd: (2 fM in die folgende M, fM in die folgenden 3 M) 6x (= 30 M).
Am ersten „Höcker“ das Garn beenden, beim zweiten den Faden nicht beenden.
6. Rd (Höcker verbinden): fM in 15 M der 5. Rd des Höckers mit dem langen Faden, fM in jede M der 5. Rd des Höckers ohne langen Faden, fM in die verbleibenden 15 M des Höckers mit dem Faden (= 60 M).
7. Rd: (2 fM zus, fM in die folgenden 8 M) 6x (= 54 M).
8. Rd: (2 fM zus, fM in die folgenden 7 M) 6x (= 48 M).
9. Rd: (2 fM zus, fM in die folgenden 6 M) 6x (= 42 M).
10. Rd: (2 fM zus, fM in die folgenden 5 M) 6x (= 36 M).

Seitenflosse (2x)

In Orange 2 Lm anschl.
1. Rd: 6 fM in die 2. Lm ab Nd (= 6 M).
2. Rd: 2 fM in jede M (= 12 M).
3. Rd: (2 fM in die folgende M, fM in die folgende M) 6x (= 18 M).
4. Rd: (2 fM in die folgende M, fM in die folgenden 2 M) 6x (= 24 M).
5.-8. Rd: fM in jede M (= 24 M).
9. Rd: (2 fM zus, fM in die folgenden 2 M) 6x (= 18 M).
10. Rd: (2 fM zus, fM in die folgende M) 6x (= 12 M).

Auge (2x)

In Weiß 2 Lm anschl.
1. Rd: 6 fM in die 2. Lm ab Nd (= 6 M).
2. Rd: 2 fM in jede M (= 12 M).
3. Rd: (2 fM in die folgende M, fM in die folgende M) 6x (= 18 M).
4. Rd: fM in jede M (= 18 M).

Schwanzflosse

Beginnen Sie mit zwei Flossen.
In Orange 2 Lm anschl.
1. Rd: 6 fM in die 2. Lm ab Nd (= 6 M).
2. Rd: 2 fM in jede M (= 12 M).
3. Rd: (2 fM in die folgende M, fM in die folgende M) 6x (= 18 M).
4. Rd: (2 fM in die folgende M, fM in die folgenden 2 M) 6x (= 24 M).
5.-8. Rd: fM in jede M (= 24 M).
9. Rd: (2 fM zus, fM in die folgenden 2 M) 6x (= 18 M).
10. Rd: (2 fM zus, fM in die folgende M) 6x (= 12 M).
Am ersten Flossenteil den Faden beenden, am zweiten einen langen Faden belassen.
11. Rd (Flossenteile verbinden): fM in 6 M der 10. Rd des Flossenteils mit dem langen Faden, fM in jede M der 10. Rd des anderen Flossenteils, fM in die verbleibenden 6 M des Teils mit dem langen Faden (= 24 M).

Körper

12. Rd: fM in jede M (= 24 M).
13. Rd: In Pink (2 fM in die folgende M, fM in die folgenden 3 M) 6x (= 30 M).
14. Rd: fM in jede M (= 30 M).
15. Rd: (2 fM in die folgende M, fM in die folgenden 4 M) 6x (= 36 M).
16. Rd: In Orange fM in jede M (= 36 M).
17. Rd: (2 fM in die folgende M, fM in die folgenden 5 M) 6x (= 42 M).
18. Rd: fM in jede M (= 42 M).
19. Rd: In Pink (2 fM in die folgende M, fM in die folgenden 6 M) 6x (= 48 M).
20. Rd: fM in jede M (= 48 M).
21. Rd: (2 fM in die folgende M, fM in die folgenden 7 M) 6x (= 54 M).
22. Rd: In Orange fM in jede M (= 54 M).
23. Rd: (2 fM in die folgende M, fM in die folgenden 8 M) 6x (= 60 M).
24. Rd: fM in jede M (= 60 M).
25.-36. Rd: Mit Pink beginnen, 1 fM in jede M. Nach jeder 3. Rd zwischen Orange und Pink wechseln, enden mit Orange (= 60 M).
Nd aus der M nehmen, aber langen Faden belassen.

Zwischenschritt

Sollte sich zwischen den beiden Teilen der Rückenflosse oder den Enden der Schwanzflosse ein kleiner Spalt gebildet haben, nähen Sie diesen mit Garn in Orange und einer Sticknadel zu. Ziehen Sie zwei gegenüberliegende M des Spalts zusammen, verknoten Sie das Garn und ziehen Sie den Knoten nach innen. Halten Sie den Fisch so, dass die Schwanzflosse senkrecht steht (ein Ende oberhalb des anderen) und so, dass der Beginn der Rd an der Bauchseite liegt. So können Sie sicher sein, dass die Zickzackspur der Farbwechsel verborgen ist. Drücken Sie die Seitenflossen und die Rückenflosse flach (siehe Seite 61) und nähen Sie die Seitenflossen an die 32. Rd des Körpers. Nähen Sie die untere Kante der Rückenflosse auf den Rücken und beginnen Sie an der zuletzt gehäkelten Rd. Stopfen Sie die Schwanzflosse und den hinteren Teil des Fisches aus und häkeln Sie weiter.

37. Rd: In Pink, (2 fM zus, fM in die folgenden 8 M) 6x (= 54 M).
38. Rd: fM in jede M (= 54 M).
39. Rd: (2 fM zus, fM in die folgenden 7 M) 6x (= 48 M).
40. Rd: fM in jede M (= 48 M).
41. Rd: (2 fM zus, fM in die folgenden 6 M) 6x (= 42 M).
42. Rd: fM in jede M (= 42 M).
43. Rd: (2 fM zus, fM in die folgenden 5 M) 6x (= 36 M).
44. Rd: fM in jede M (= 36 M).
45. Rd: (2 fM zus, fM in die folgenden 4 M) 6x (= 30 M).
46. Rd: fM in jede M (= 30 M).
47. Rd: (2 fM zus, fM in die folgenden 3 M) 6x (= 24 M).
48. Rd: fM in jede M (= 24 M).
Nd aus der M nehmen, aber Faden nicht abschneiden.

Zwischenschritt

Befestigen Sie die Augen mittig auf den gehäkelten Augen und nähen Sie diese zwischen der 41. und 45. Rd auf den Kopf. Stopfen Sie den Körper aus und häkeln Sie weiter.

49. Rd: (2 fM zus, fM in die folgenden 2 M) 6x (= 18 M).
50. Rd: fM in jede M (= 18 M).
51. Rd: (2 fM zus, fM in die folgende M) 6x (= 12 M).

Zwischenschritt

Drücken Sie noch etwas mehr Füllwatte in die Spitze des Kopfes und häkeln Sie weiter.

52. Rd: (2 fM zus) 6x (= 6 M).
53. Rd: Die folgende fM mit der folgenden 4. M zus, restliche M frei lassen.

Garn mit einem Knoten beenden und nach innen ziehen.

Kai, der Kiwi

Schwierigkeitsgrad

Größe

ca. 15 cm hoch

Material

- Wollmischgarn (60 % Merino, 40 % Opossumhaar, LL 128 m/50 g/) in Dunkelbraun, 50 g und in Hellbraun, Rest (ca. 40 m)
- Häkelnadel 4,0 mm
- Sticknadel
- Sicherheits-Tieraugen in Schwarz, ø 12 mm
- Füllmaterial

Maschenprobe

6 Rd fM = Kreis von ø 6,5 cm

Hinweis

Stechen Sie nur durch die hinteren M-Glieder (siehe Seite 59).

Kopf und Körper

Der Kopf wird genau wie der Körper gehäkelt.
In Dunkelbraun 2 Lm anschl.
1. Rd: 6 fM in die 2. Lm ab Nd (= 6 M).
2. Rd: 2 fM in jede M (= 12 M).
3. Rd: (2 fM in die folgende M, fM in die folgende M) 6x (= 18 M).
4. Rd: (2 fM in die folgende M, fM in die folgenden 2 M) 6x (= 24 M).
5. Rd: (2 fM in die folgende M, fM in die folgenden 3 M) 6x (= 30 M).
6. Rd: (2 fM in die folgende M, fM in die folgenden 4 M) 6x (= 36 M).
7. Rd: (2 fM in die folgende M, fM in die folgenden 5 M) 6x (= 42 M).
8. Rd: (2 fM in die folgende M, fM in die folgenden 6 M) 6x (= 48 M).
9.-16. Rd: fM in jede M (= 48 M).
17. Rd: (2 fM zus, fM in die folgenden 6 M) 6x (= 42 M).
18. Rd: (2 fM zus, fM in die folgenden 5 M) 6x (= 36 M).
19. Rd: (2 fM zus, fM in die folgenden 4 M) 6x (= 30 M).

Halbe Fußform (4x)

In Hellbraun 2 Lm anschl.
1. Rd: 6 fM in die 2. Lm ab Nd (= 6 M).
2. Rd: 2 fM in jede M (= 12 M).
3. Rd: (2 fM in die folgende M, fM in die folgende M) 6x (= 18 M).
4. Rd: (2 fM in die folgende M, fM in die folgenden 2 M) 6x (= 24 M).
5. Rd: (5 Stb in die 2. M ab Nd, Km in die 2. M ab Nd) 3x, restliche M frei lassen.

Schnabel

In Hellbraun 2 Lm anschl.
1. Rd: 6 fM in die 2. Lm ab Nd (= 6 M).
2.-11. Rd: fM in jede M (= 6 M).

Zusammensetzen

Siehe Seite 60.
Das Komplizierteste am Kiwi ist, die Füße richtig zus zunähen.

Überwendlingstich

Stechen Sie die Nd in die hinteren M-Glieder beider Teile ein und ziehen Sie das Garn durch. Fahren Sie so fort, bis die Kanten aufeinander genäht sind, dann beenden Sie das Garn mit einem Knoten.

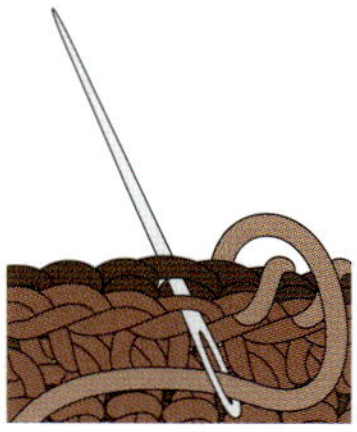

Teile an den Außenkanten zusammennähen.

Anmerkung zur Garnqualität

Opossums sind keine natürlichen Einwohner Neuseelands. Nachdem sie eingeschleppt wurden, haben sie sich zu einer Plage entwickelt. Ungebremst zerstören Sie den Lebensraum der ursprünglichen Tierwelt – auch den unseres Lieblings, des Kiwis. Opossumhaar ist ein Nebenprodukt bei der Erhaltung der Lebensräume des Kiwis und ergibt ein warmes und sehr weiches Garn. Dieses erstaunliche Garn ist also in unterschiedlichsten Farben und Mischungen erhältlich und ergibt einen fantastischen Kiwi!

Untere Körperhälfte

Halten Sie zwei Fußhälften links auf links, sodass die Zehen (die Stäbchenbündel) genau aufeinander treffen. Arbeiten Sie mit dem langen Garnende einer Hälfte und nähen Sie die Außenkanten rundum mit Überwendlingstichen zus. Machen Sie das Gleiche mit dem anderen Fuß.

Fädeln Sie ein Stück Garn in Hellbraun in die Sticknadel und nähen Sie die Füße bei der 3. Rd an die 8. Rd des Körpers. Besonders süß sieht der Kiwi aus, wenn die Zehen ein wenig nach außen weisen.

Obere Körperhälfte

Nähen Sie den Schnabel mittig auf das Gesicht, er biegt sich auf natürliche Weise nach unten (danke, liebe Schwerkraft!).

Befestigen Sie die Augen auf dem Kopf.

Obere und untere Hälfte zusammenfügen

Stopfen Sie den Körper und den Kopf aus. Arbeiten Sie mit dem langen Garnende des Kopfes und nähen Sie den Kopf auf den Körper. Ziehen Sie dabei den Faden sehr fest an, damit sich der Hals gut ausbildet (siehe Seite 60).

Carlos,
die Krabbe

Schwierigkeitsgrad

Größe

ca. 15 cm hoch, Scherenspannweite 40 cm

Material

- Baumwollgarn (60 % Pima-Baumwolle, 40 % Bambus, LL 106 m/50 g) in Rot, 100 g und in Weiß, Rest
- Häkelnadel 3,75 mm
- Sticknadel
- Sicherheits-Tieraugen in Schwarz, ø 12 mm
- Füllmaterial

Maschenprobe

6 Rd fM = Kreis von ø 6,5 cm

Hinweis

Der Körper der Krabbe wird vom Kopf an nach unten gehäkelt. Stopfen Sie die Teile in verschiedenen Arbeitsstadien aus, bzw. nähen Sie die Teile an, damit Ihre Hände noch bequem ins Innere greifen können. Stechen Sie nur durch die hinteren M-Glieder ein (siehe Seite 59).

Schere (2x)

Beginnen Sie mit den Greifern und häkeln Sie zwei für jede Schere.
In Rot 2 Lm anschl.
1. Rd: 6 fM in die 2. Lm ab Nd (= 6 M).
2. Rd: fM in jede M (= 6 M).
3. Rd: (2 fM in die folgende M, fM in die folgende M) 3x (= 9 M).
4. Rd: fM in jede M (= 9 M).
5. Rd: (2 fM in die folgende M, fM in die folgenden 2 M) 3x (= 12 M).
6. Rd: fM in jede M (= 12 M).
7. Rd: (2 fM in die folgende M, fM in die folgende M) 6x (= 18 M).
8. Rd: fM in jede M (= 18 M).
Am ersten Greifer Garn beenden. Beim zweiten Greifer das Garn nicht beenden.
9. Rd (beide Greifer zushäkeln): fM in jede M der 8. Rd des ersten Greifers, fM in jede M der 8. Rd des zweiten Greifers (= 36 M).
10.-12. Rd: fM in jede M (= 36 M).
13. Rd: (2 fM zus, fM in die folgenden 4 M) 6x (= 30 M).
14. Rd: (2 fM zus, fM in die folgenden 3 M) 6x (= 24 M).

Zwischenschritt

Sollte sich zwischen den beiden Greifern ein kleiner Spalt gebildet haben, nähen Sie diesen mit einem Stück Garn in Rot und mit einer Sticknadel zu. Ziehen Sie zwei gegenüberliegende M der Spalte zus, verknoten Sie das Garn und ziehen Sie den Knoten nach innen. Schon fertig. Stopfen Sie die Zange aus und drücken Sie die Füllwatte ganz bis in die Spitzen. Das muss jetzt geschehen, denn später hat Ihre Hand keinen Platz mehr in den Scheren. Häkeln Sie weiter.

15. Rd: (2 fM zus, fM in die folgenden 2 M) 6x (= 18 M).
16. Rd: (2 fM zus, fM in die folgende M) 6x (= 12 M).
17.-29. Rd: fM in jede M (= 12 M).

Stielauge (2x)

In Weiß 2 Lm anschl.
1. Rd: 6 fM in die 2. Lm ab Nd (= 6 M).
2. Rd: fM in jede M (= 12 M).
3. Rd: (2 fM in die folgende M, fM in die folgende M) 6x (= 18 M).
4.-6. Rd: fM in jede M (= 18 M).
7. Rd: (2 fM zus, fM in die folgende M) 6x (= 12 M).

Zwischenschritt

Die Plastikaugen auf der 5. Rd der Augen befestigen. Stopfen Sie die Augen aus und häkeln Sie weiter.

8. Rd: In Rot (2 fM zus, fM in die folgenden 2 M) 3x (= 9 M).
9.-11. Rd: fM in jede M (= 9 M)

Kleines Bein (8x)

In Rot 2 Lm anschl.
1. Rd: 3 fM in die 2. Lm ab Nd (= 3 M).
2.-14. Rd: fM in jede M (= 3 M).
Die Beine sollten ca. 9 cm lang sein – für den Fall, dass das Zählen der Rd zu mühsam ist.

Körperschale

In Rot 2 Lm anschl.
1. Rd: 6 fM in die 2. Lm ab Nd (= 6 M).
2. Rd: 2 fM in jede M (= 12 M).
3. Rd: (2 fM in die folgende M, fM in die folgende M) 6x (= 18 M).
4. Rd: (2 fM in die folgende M, fM in die folgenden 2 M) 6x (= 24 M).
5. Rd: (2 fM in die folgende M, fM in die folgenden 3 M) 6x (= 30 M).
6. Rd: (2 fM in die folgende M, fM in die folgenden 4 M) 6x (= 36 M).
7. Rd: (2 fM in die folgende M, fM in die folgenden 5 M) 6x (= 42 M).
8. Rd: (2 fM in die folgende M, fM in die folgenden 6 M) 6x (= 48 M).
9. Rd: (2 fM in die folgende M, fM in die folgenden 7 M) 6x (= 54 M).
10. Rd: (2 fM in die folgende M, fM in die folgenden 8 M) 6x (= 60 M).
11. Rd: (2 fM in die folgende M, fM in die folgenden 9 M) 6x (= 66 M).
12. Rd: (2 fM in die folgende M, fM in die folgenden 10 M) 6x (= 72 M).
13. Rd: (2 fM in die folgende M, fM in die folgenden 11 M) 6x (= 78 M).
14.-18. Rd: fM in jede M (= 78 M).
19. Rd: (2 fM zus, fM in die folgenden 11 M) 6x (= 72 M).
20. Rd: (2 fM zus, fM in die folgenden 10 M) 6x (= 66 M).
21. Rd: (2 fM zus, fM in die folgenden 9 M) 6x (= 60 M).
22. Rd: (2 fM zus, fM in die folgenden 8 M) 6x (= 54 M).
23. Rd: (2 fM zus, fM in die folgenden 7 M) 6x (= 48 M).
24. Rd: (2 fM zus, fM in die folgenden 6 M) 6x (= 42 M).

Zwischenschritt

Stopfen Sie den Rest der Stielaugen aus und nähen Sie sie an der 2. Rd der Schale fest. Stopfen Sie den Rest der Scheren aus und nähen Sie sie an die Schale, die Oberkante beginnt auf der 15. Rd, die Scheren liegen ein Stück weit vorn, damit seitlich noch Platz für die Beine ist. Nähen Sie an jede Seite 4 Beine auf die 15. Rd, mit jeweils einer M Abstand dazwischen. Stopfen Sie die Schale aus und häkeln Sie weiter.

25. Rd: (2 fM zus, fM in die folgenden 5 M) 6x (= 36 M).
26. Rd: (2 fM zus, fM in die folgenden 4 M) 6x (= 30 M).
27. Rd: (2 fM zus, fM in die folgenden 3 M) 6x (= 24 M).
28. Rd: (2 fM zus, fM in die folgenden 2 M) 6x (= 18 M).

Zwischenschritt

Drücken Sie noch etwas mehr Füllwatte in die Schale, um die Form zu runden. Häkeln Sie weiter.

29. Rd: (2 fM zus, fM in die folgende M) 6x (= 12 M).
30. Rd: (2 fM zus) 6x (= 6 M).
31. Rd: Die folgende fM mit der folgenden 4. M zus, restliche M bleiben frei.
Faden mit einem Knoten beenden und in das Innere ziehen.

Olanda, die Eule

Schwierigkeitsgrad

Größe

ca. 20 cm hoch

Material

- Wollmischgarn (70 % Baby-Alpaka, 30 % ungefärbte Merinowolle, LL 180 m/100 g) in Dunkelbraun und Mittelbraun, je 100 g, in Cremeweiß, Rest
- Häkelnadel 5,0 mm
- Sticknadel
- Sicherheits-Tieraugen in Schwarz, ø 12 mm
- Füllmaterial

Maschenprobe

7 Rd fM = Kreis von ø 7,5 cm

Hinweis

Stechen Sie nur durch die hinteren M-Glieder (siehe Seite 59).

Kopf und Körper

Arbeiten Sie in Mittelbraun nach den Grundformen (siehe Seite 63) einen Kopf und einen Körper.

Flügel (2x)

In Mittelbraun 2 Lm anschl.
1. Rd: 6 fM in die 2. Lm ab Nd (= 6 M).
2. Rd: 2 fM in jede M (= 12 M).
3. Rd: (2 fM in die folgende M, fM in die folgende M) 6x (= 18 M).
4. Rd: (2 fM in die folgende M, fM in die folgenden 2 M) 6x (= 24 M).
5. Rd: (2 fM in die folgende M, fM in die folgenden 3 M) 6x (= 30 M).
6.-12. Rd: fM in jede M (= 30 M).
13. Rd: (2 fM zus, fM in die folgenden 3 M) 6x (= 24 M).
14. Rd: (2 fM zus, fM in die folgenden 2 M) 6x (= 18 M).
15. Rd: fM in jede M (= 18 M).
16. Rd: (2 fM zus, fM in die folgende M) 6x (= 12 M).
17. Rd: fM in jede M (= 12 M).

Schwanz

In Mittelbraun 2 Lm anschl.
1. Rd: 6 fM in die 2. Lm ab Nd (= 6 M).
2. Rd: (2 fM in die folgende M, fM in die folgende M) 3x (= 9 M).
3.+4. Rd: fM in jede M (= 9 M).
5. Rd: (2 fM die folgende M, fM in die folgenden 2 M) 3x (= 12 M).
6. Rd: fM in jede M (= 12 M).
7. Rd: (2 fM in die folgende M, fM in die folgende M) 6x (= 18 M).
8. Rd: fM in jede M (= 18 M).
9. Rd: (2 fM in die folgende M, fM in die folgenden 2 M) 6x (= 24 M).

Fuß (2x)

In Dunkelbraun 4 Lm anschl.
1. R: 5 fM in die 4. Lm ab Nd, wenden (3 Lm gelten als 1 Stb, 6 Stb insgesamt).
2. R: 3 Lm (zählen als 1 Stb), Stb in die Basis der 3 Lm, je 2 Stb in die folgenden 5 M (= 12 Stb).

Bauchfleck

In Dunkelbraun 2 Lm anschl.
1. Rd: 6 fM in die 2. Lm ab Nd (= 6 M).
2. Rd: 2 fM in jede M (= 12 M).
3. Rd: (2 fM in die folgende M, fM in die folgende M) 6x (= 18 M).
4. Rd: (2 fM in die folgende M, fM in die folgenden 2 M) 6x (= 24 M).
5. Rd: (2 fM in die folgende M, fM in die folgenden 3 M) 6x (= 30 M).
6. Rd: (2 fM in die folgende M, fM in die folgenden 4 M) 6x (= 36 M).
7. Rd: (2 fM in die folgende M, fM in die folgenden 5 M) 6x (= 42 M).

Ohr (2x)

In Mittelbraun 4 Lm anschl.
1. Rd: 5 fM in die 4. Lm ab Nd, wenden (3 Lm zählen als 1 Stb, insgesamt 6 Stb).
2. Rd: 3 Lm (zählt als 1 Stb), Stb in die Basis der 3 Lm, je 2 Stb in die folgenden 5 Stb (= 12 Stb).

Schnabel

In Dunkelbraun 2 Lm anschl.
1. Rd: 6 fM in die 2. Lm ab Nd (= 6 M).
2. Rd: (2 fM in die folgende M, fM in die folgende M) 3x (= 9 M).
3.+4. Rd: fM in jede M (= 9 M).

Innerer Augenkreis (2x)

In Dunkelbraun 2 Lm anschl.
1. Rd: 6 fM in die 2. Lm ab Nd (= 6 M).
2. Rd: 2 fM in jede M (= 12 M).
3. Rd: (2 fM in die folgende M, fM in die folgende M) 6x (= 18 M).

Äußerer Augenkreis (2x)

In Cremeweiß 2 Lm anschl.
1. Rd: 6 fM in die 2. Lm ab Nd (= 6 M).
2. Rd: 2 fM in jede M (= 12 M).
3. Rd: (2 fM in die folgende M, fM in die folgende M) 6x (= 18 M).
4. Rd: (2 fM in die folgende M, fM in die folgenden 2 M) 6x (= 24 M).
5. Rd: (2 fM in die folgende M, fM in die folgenden 3 M) 6x (= 30 M).

Zusammensetzen

Siehe Seite 60.

Untere Körperhälfte

Nähen Sie die flache Kante der Füße an die 8. Rd des Körpers. Den Abstand legen Sie selbst fest. So lange die Füße nicht so weit auseinanderliegen wie die Flügel, sehen Sie auf jeden Fall gut aus.

Nähen Sie den Bauchkreis an, Unterkante auf die 9. Rd und Oberkante auf die 23. Rd des Körpers.

Drücken Sie die Flügel flach (siehe Seite 61) und nähen Sie sie an die 23. Rd des Körpers. Die Flügel sollten weit genug auseinander liegen, sodass sie den Bauchkreis nicht berühren.

Stopfen Sie den Schwanz aus und nähen Sie ihn mittig auf den Rücken, Unterkante auf die 8. Rd.

Obere Körperhälfte

Nähen Sie die äußeren Augenkreise an, Unterkante 7 Rd oberhalb der letzten Rd des Kopfes, sodass sie sich in der Mitte des Gesichts treffen.

Befestigen Sie die inneren Augenkreise in der Mitte der äußeren Augenkreise.

Stopfen Sie den Schnabel aus und nähen Sie ihn mittig unter den äußeren Augenkreisen fest.

Drücken Sie die Ohren flach (siehe Seite 61), falten Sie sie zur Hälfte und nähen Sie die flache Kante an den Kopf. Die Ohröffnung weist nach außen.

Obere und untere Hälfte zusammenfügen

Stopfen Sie den Körper und den Kopf aus. Arbeiten Sie mit dem langen Garnende des Kopfes und nähen Sie den Kopf auf den Körper. Ziehen Sie dabei den Faden sehr fest an, damit sich der Hals gut ausbildet (siehe Seite 60).

Sally, das Krokodil

Schwierigkeitsgrad

Größe

ca. 35 cm lang

Material

- Maisgarn (100 % Mais, LL 96 m/50 g) in Hellgrün, 100 g und in Natur, Rest (ca. 10 m)
- Häkelnadel 3,75 mm
- Sticknadel
- Sicherheits-Tieraugen in Schwarz, ø 12 mm
- Füllmaterial

Maschenprobe

8 Rd fM = Kreis von ø 8 cm

Hinweis

Beachten Sie die Anleitung für die Noppen (siehe Seite 57), damit Sie die lustig genoppte Krokohaut häkeln können.

Stechen Sie nur durch die hinteren M-Glieder (siehe Seite 59), außer bei den Noppen.

Kopf

In Hellgrün 2 Lm anschl.
1. Rd: 6 fM in die 2. Lm ab Nd (= 6 M).
2. Rd: 2 fM in jede M (= 12 M).
3. Rd: (2 fM in die folgende M, fM in die folgende M) 6x (= 18 M).
4. Rd: (2 fM in die folgende M, fM in die folgenden 2 M) 6x (= 24 M).
5. Rd: (2 fM in die folgende M, fM in die folgenden 3 M) 6x (= 30 M).
6. Rd: (2 fM in die folgende M, fM in die folgenden 4 M) 6x (= 36 M).
7. Rd: (2 fM in die folgende M, fM in die folgenden 5 M) 6x (= 42 M).
8. Rd: (2 fM in die folgende M, fM in die folgenden 6 M) 6x (= 48 M).
9. Rd: (2 fM in die folgende M, fM in die folgenden 7 M) 6x (= 54 M).
10. Rd: (2 fM in die folgende M, fM in die folgenden 8 M) 6x (= 60 M).
11. Rd: fM in die folgenden 30 M, (fM in die folgenden 9 M, Noppen in die folgende M) 3x (= 60 M).
12. Rd: fM in jede M (= 60 M).
13. Rd: fM in die folgenden 30 M, (fM in die folgenden 4 M, Noppen in die folgenden M, fM in die folgenden 5 M) 3x (= 60 M).
14. Rd: fM in jede M (= 60 M).
15.-18. Rd: Rd 11 bis 14 wdh (= 60 M).
19.+20. Rd: Rd 11 bis 12 wdh (= 60 M).
21. Rd: (2 fM zus, fM in die folgenden 2 M, Noppen in die folgende M, fM in die folgenden 5 M) 6x (= 54 M).
22. Rd: (2 fM zus, fM in die folgenden 7 M) 6x (= 48 M).
23. Rd: (2 fM zus, fM in die folgenden 6 M) 6x (= 42 M).

Schnauze

In Hellgrün 2 Lm anschl.
1. Rd: 6 fM in die 2. Lm ab Nd (= 6 M).
2. Rd: 2 fM in jede M (= 12 M).
3. Rd: (2 fM in die folgende M, fM in die folgende M) 6x (= 18 M).
4.+5. Rd: fM in jede M (= 18 M).
6. Rd: (2 fM in die folgende M, fM in die folgenden 2 M) 6x (= 24 M).
7.+8. Rd: fM in jede M (= 24 M).
9. Rd: (2 fM in die folgende M, fM in die folgenden 3 M) 6x (= 30 M).
10.+11. Rd: fM in jede M (= 30 M).
12. Rd: (2 fM in die folgende M, fM in die folgenden 4 M) 6x (= 36 M).
13.+14. Rd: fM in jede M (= 36 M).
15. Rd: (2 fM in die folgende M, fM in die folgenden 5 M) 6x (= 42 M).
16.+17. Rd: fM in jede M (= 42 M).

Nasenloch (2x)

In Hellgrün 2 Lm anschl.
1. Rd: 6 fM in die 2. Lm ab Nd (= 6 M).
2. Rd: fM in jede M (= 6 M).

Augen und Augenlider (je 2x)

Fertigen Sie die Augen in Natur und die Augenlider in Hellgrün an.
2 Lm anschl.
1. Rd: 6 fM in die 2. Lm ab Nd (= 6 M).
2. Rd: 2 fM in jede M (= 12 M).
3. Rd: (2 fM in die folgende M, fM in die folgende M) 6x (= 18 M).
4. Rd: fM in jede M (= 18 M).

Körper

In Hellgrün 2 Lm anschl.
1. Rd: 6 fM in die 2. Lm ab Nd (= 6 M).
2.+3. Rd: fM in jede M (= 6 M).
4. Rd: (2 fM in die folgende M, fM in die folgende M) 3x (= 9 M).
5.+6. Rd: fM in jede M (= 9 M).
7. Rd: (2 fM in die folgende M, fM in die folgenden 2 M) 3x (= 12 M).
8.-10. Rd: fM in jede M (= 12 M).
11. Rd: (2 fM in die folgende M, fM in die folgende M) 6x (= 18 M).
12.+13. Rd: fM in jede M (= 18 M).
14. Rd: fM in die folgenden 12 M, Noppen in die folgende M, fM in die folgenden 5 M (= 18 M).
15. Rd: (2 fM in die folgende M, fM in die folgenden 2 M) 6x (= 24 M).
16.+17. Rd: fM in jede M (= 24 M).
18. Rd: fM in die folgenden 13 M, Noppen in die folgende M, fM in die folgenden 7 M, Noppen in die folgende M, fM in die folgenden 2 M (= 24 M).
19. Rd: (2 fM in die folgende M, fM in die folgenden 3 M) 6x (= 30 M).
20.+21. Rd: fM in jede M (= 30 M).
22. Rd: fM in die folgenden 22 M, Noppen in die folgende M, fM in die folgenden 7 M (= 30 M).
23. Rd: (2 fM in die folgende M, fM in die folgenden 4 M) 6x (= 36 M).
24.-40. Rd: Wie die 7.-23. Rd des Kopfes arbeiten.

Bein (4x)

Arbeiten Sie die Beine in Hellgrün nach der Grundform Arme (siehe Seite 63), denn genauso wie Mango, der Orang-Utan hat Sally dünne Beine.

Zusammensetzen

Siehe Seite 60.

Körper

Die rundere Seite des Körpers ist der Rücken.
Stopfen Sie die Beine aus und nähen Sie die Vorderbeine an der 37. Rd des Körpers, die Hinterbeine 4 Rd weiter in Richtung Schwanz an.

Kopf

Die rundere Seite muss oben liegen.

Drücken Sie die Nasenlöcher flach (siehe Seite 61) und nähen Sie sie an die 4. Rd der Schnauze.

Stopfen Sie die Schnauze aus und drücken Sie sie in eine ovale Form. Nähen Sie die breite Seite an der 9. Rd ab beiden Seiten des Kopfes fest.

Befestigen Sie die Sicherheits-Augen in der Mitte der gehäkelten Augenteile (in Natur). Stopfen Sie die Augen aus und nähen Sie sie oberhalb der Schnauze an den Kopf.

Drücken Sie die Augenlider flach (die in Hellgrün) und nähen Sie sie direkt oberhalb der Augen an.

Kopf und Körper zusammenfügen

Stopfen Sie den Körper und den Kopf aus. Arbeiten Sie mit dem langen Garnende des Kopfes und nähen Sie den Kopf an den Körper. Ziehen Sie dabei den Faden sehr fest an, damit sich der Hals gut ausbildet (siehe Seite 60).

Anmerkung zur Garnqualität

Mais ist wie Soja eine pflanzliche Faser, aus der sich wunderbares Garn spinnen lässt. Maisgarn wird aus der Stärke der Maiskörner gewonnen, die in einem bestimmten Arbeitsprozess zu Fasern umgeformt wird. Maisgarn fühlt sich an wie Baumwolle und ist ebenso saugfähig – das passt ausgezeichnet zu einem niedlichen Krokodil.

Erik, der Elch

Schwierigkeitsgrad

Größe

ca. 19 cm hoch, Breite der Schaufeln 24 cm

Material

- Milchgarn (50 % Milch, 50 % Wolle, LL 160 m/50 g) in Braun, Natur und Schwarz, je 50 g
- Häkelnadel 3,75 mm
- Sticknadel
- Sicherheits-Tieraugen in Schwarz, ø 12 mm
- Füllmaterial

Maschenprobe

7 Rd fM = Kreis von ø 6,5 cm

Hinweis

Stechen Sie nur durch die hinteren M-Glieder ein (siehe Seite 59).

Kopf und Körper

In Braun einen Kopf und einen Körper (siehe Grundformen, Seite 63) häkeln.

Arm (2x)

In Schwarz 2 Lm anschl.
1. Rd: 6 fM in die 2. Lm ab Nd (= 6 M).
2. Rd: 2 fM in jede M (= 12 M).
3. Rd: (2 fM in die folgende M, fM in die folgende M) 6x (= 18 M).
4.+5. Rd: fM in jede M (= 18 M).
6.-11. Rd: In Braun fM in jede M (= 18 M).

Bein (2x)

In Schwarz 2 Lm anschl.
1. Rd: 6 fM in die 2. Lm ab Nd (= 6 M).
2. Rd: 2 fM in jede M (= 12 M).
3. Rd: (2 fM in die folgende M, fM in die folgende M) 6x (= 18 M).
4. Rd: (2 fM in die folgende M, fM in die folgenden 2 M) 6x (= 24 M).
5.+6. Rd: fM in jede M (= 24 M).
7.-12. Rd: In Braun fM in jede M (= 24 M).

Ohr (2x)

In Braun 2 Lm anschl.
1. Rd: 6 fM in die 2. Lm ab Nd (= 6 M).
2. Rd: fM in jede M (= 6 M).
3. Rd: 2 fM in jede M (= 12 M).
4.-6. Rd: fM in jede M (= 12 M).
7. Rd: (2 fM zus, fM in die folgenden 2 M) 3x (= 9 M).

Schnauze

In Braun 2 Lm anschl.
1. Rd: 6 fM in die 2. Lm ab Nd (= 6 M).
2. Rd: 2 fM in jede M (= 12 M).
3. Rd: (2 fM in die folgende M, fM in die folgende M) 6x (= 18 M).
4. Rd: (2 fM in die folgende M, fM in die folgenden 2 M) 6x (= 24 M).
5. Rd: (2 fM in die folgende M, fM in die folgenden 3 M) 6x (= 30 M).
6. Rd: (2 fM in die folgende M, fM in die folgenden 4 M) 6x (= 36 M).
7.-11. Rd: fM in jede M (= 36 M).

Nasenloch (2x)

In Schwarz 2 Lm anschl.
6 fM in die 2. Lm ab Nd (= 6 M).

Schaufelbasis (2x)

In Natur 2 Lm anschl.
1. Rd: 6 fM in die 2. Lm ab Nd (= 6 M).
2. Rd: 2 fM in jede M (= 12 M).
3. Rd: (2 fM in die folgende M, fM in die folgende M) 6x (= 18 M).
4.-7. Rd: fM in jede M (= 18 M).
8.-12. Rd: Km in die folgenden 6 M, fM in die folgenden 3 M, hStb in die folgenden 6 M, fM in die folgenden 3 M (= 18 M).
13.-23. Rd: fM in jede M (= 18 M).

Schaufelspitze (4x)

In Natur 2 Lm anschl.
1. Rd: 6 fM in die 2. Lm ab Nd (= 6 M).
2. Rd: 2 fM in jede M (= 12 M).
3. Rd: (2 fM in die folgende M, fM in die folgende M) 6x (= 18 M).
4.-7. Rd: fM in jede M (= 18 M).

Zusammensetzen

Siehe Seite 60.

Untere Körperhälfte

Stopfen Sie die Beine aus und nähen Sie sie fest, die Unterkante beginnt bei der 11. Rd des Körpers. Legen Sie die Beine nach vorn, sodass der Elch selbstständig sitzen kann.

Stopfen Sie die Arme aus und nähen Sie sie eine Rd oberhalb der Beine an.

Obere Körperhälfte

Stopfen Sie die Spitzen der Schaufeln aus und nähen Sie je zwei auf jede Schaufelbasis, die Spitzen weisen nach oben.

Stopfen Sie die Schaufelbasis aus und nähen Sie sie an die Seiten des Kopfes, die Oberkante trifft auf die 7. Rd.

Drücken Sie die Ohren flach (siehe Seite 61) und nähen Sie sie seitlich an den Kopf, direkt unter den Schaufeln.

Nähen Sie die Nasenlöcher auf die Schnauze.

Stopfen Sie die Schnauze aus und nähen Sie sie mittig an den Kopf, die Oberkante trifft auf die 7. Rd.

Befestigen Sie die Augen auf dem Gesicht.

Obere und untere Hälfte zusammenfügen

Stopfen Sie den Körper und den Kopf aus. Arbeiten Sie mit dem langen Garnende des Kopfes und nähen Sie den Kopf auf den Körper. Ziehen Sie dabei den Faden sehr fest an, damit sich der Hals gut ausbildet (siehe Seite 60).

Patrick,
der Pinguin

Schwierigkeitsgrad

Größe
ca. 16,5 cm hoch

Material
- Alpakagarn (100 % ungefärbtes Baby-Alpaka, LL 200 m/100 g) in Grau, Schwarz und Weiß, je 100 g
- Häkelnadel 4,0 mm
- Sticknadel
- Sicherheits-Tieraugen in Schwarz, ø 12 mm
- Füllmaterial

Maschenprobe
8 Rd fM = Kreis von ø 7,5 cm

Hinweis

Stechen Sie nur durch die hinteren M-Glieder ein (siehe Seite 59).

Kopf

In Schwarz 2 Lm anschl.
1. Rd: 6 fM in die 2. Lm ab Nd (= 6 M).
2. Rd: 2 fM in jede M (= 12 M).
3. Rd: (2 fM in die folgende M, fM in die folgende M) 6x (= 18 M).
4. Rd: (2 fM in die folgende M, fM in die folgenden 2 M) 6x (= 24 M).
5. Rd: (2 fM in die folgende M, fM in die folgenden 3 M) 6x (= 30 M).
6. Rd: (2 fM in die folgende M, fM in die folgenden 4 M) 6x (= 36 M).
7. Rd: (2 fM in die folgende M, fM in die folgenden 5 M) 6x (= 42 M).
8. Rd: (2 fM in die folgende M, fM in die folgenden 6 M) 6x (= 48 M).
9. Rd: (2 fM in die folgende M, fM in die folgenden 7 M) 6x (= 54 M).
10. Rd: (2 fM in die folgende M, fM in die folgenden 8 M) 6x (= 60 M).
11.-15. Rd: fM in jede M (= 60 M).
16.-20. Rd: In Weiß fM in die folgenden 20 M; in Schwarz fM in die folgenden 40 M (= 60 M).
21. Rd: In Weiß (2 fM zus, fM in die folgenden 8 M) 2x, in Schwarz (2 fM zus, fM in die folgenden 8 M) 4x (= 54 M).
22. Rd: In Weiß (2 fM zus, fM in die folgenden 7 M) 2x, in Schwarz (2 fM zus, fM in die folgenden 7 M) 4x (= 48 M).
23. Rd: In Weiß (2 fM zus, fM in die folgenden 6 M) 2x, in Schwarz (2 fM zus, fM in die folgenden 6 M) 4x (= 42 M).

Augenkreis (2x)

In Weiß 2 Lm anschl.
1. Rd: 6 fM in die 2. Lm ab Nd (= 6 M).
2. Rd: 2 fM in jede M (= 12 M).
3. Rd: (2 fM in die folgende M, fM in die folgende M) 6x (= 18 M).
4. Rd: (2 fM in die folgende M, fM n die folgenden 2 M) 6x (= 24 M).
5. Rd: (2 fM in die folgende M, fM in die folgenden 3 M) 6x (= 30 M).

Schnabel

In Schwarz 2 Lm anschl.
1. Rd: 6 fM in die 2. Lm ab Nd (= 6 M).
2. Rd: 2 fM in jede M (= 12 M).
3.-5. Rd: fM in jede folgende M (= 12 M).

Körper

Arbeiten Sie in Grau einen Körper (siehe Grundformen, Seite 63).

Flügel (2x)

In Grau 2 Lm anschl.
1. Rd: 6 fM in die 2. Lm ab Nd (= 6 M).
2. Rd: 2 fM in jede M (= 12 M).
3.+4. Rd: fM in jede M (= 12 M).
5. Rd: (2 fM in die folgende M, fM in die folgende M) 6x (= 18 M).
6.-10. Rd: fM in jede M (= 18 M).
11. Rd: (2 fM zus, fM in die folgende M) 6x (= 12 M).
12. Rd: fM in jede M (= 12 M).

Fuß (2x)

In Schwarz 4 Lm anschl.
1. Rd: 5 fM in die 4. Lm ab Nd, wenden (3 Lm zählen als 1 Stb, 6 Stb insgesamt).
2. Rd: 3 Lm (zählen als 1 Stb), Stb in die Basis der 3 Lm, je 2 Stb in die folgenden 5 M (= 12 Stb).

Zusammensetzen

Siehe Seite 60.

Untere Körperhälfte

Nähen Sie die flache Seite der Füße an der 8. Rd des Körpers an.

Drücken Sie die Flügel flach (siehe Seite 61) und nähen Sie sie an die 22. Rd des Körpers.

Obere Körperhälfte

Nähen Sie die Augenkreise an den Kopf, sie sehen am besten aus, wenn Sie den weißen Bereich des Kopfes etwas überlappen lassen und wenn zwischen den beiden Kreisen ein wenig Platz ist.

Befestigen Sie die Augen mittig auf jedem Augenkreis.

Stopfen Sie den Schnabel aus und nähen Sie ihn mittig auf das Gesicht, ganz dicht zwischen den Unterkanten der Augenkreise.

Obere und untere Hälfte zusammenfügen

Stopfen Sie den Körper und den Kopf aus. Arbeiten Sie mit dem langen Garnende des Kopfes und nähen Sie den Kopf auf den Körper. Ziehen Sie dabei den Faden sehr fest an, damit sich der Hals gut ausbildet (siehe Seite 60).

Gitty, die Giraffe

Schwierigkeitsgrad

Größe

ca. 30 cm hoch

Material

- Baumwollgarn (100 % biologische Baumwolle, LL 137 m/100 g) in Zitrone und Nussbraun, je 100 g
- Häkelnadel 5,0 mm
- Sticknadel
- Sicherheits-Tieraugen in Braun, ø 12 mm
- Füllmaterial

Maschenprobe

6 Rd fM = Kreis von ø 7,5 cm

Hinweis

Der Körper wird von unten nach oben gehäkelt. Sie nähen die Gliedmaßen während der Häkelarbeit an und stopfen den Körper schon aus, damit Sie mit Ihren Händen noch im Inneren des Körpers arbeiten können. Stechen Sie nur durch die hinteren M-Glieder ein (siehe Seite 59). Lesen Sie auf Seite 58 wie Sie einen Farbwechsel machen können.

Arm (2x)

In Nussbraun 2 Lm anschl.
1. Rd: 6 fM in die 2. Lm ab Nd (= 6 M).
2. Rd: 2 fM in jede M (= 12 M).
3. Rd: (2 fM in die folgende M, fM in die folgende M) 6x (= 18 M).
4.+5. Rd: 1 fM in jede M (= 18 M).
6.-11. Rd: In Zitrone 1 fM in jede M (= 18 M).

Bein (2x)

In Nussbraun 2 Lm anschl.
1. Rd: 6 fM in die 2. Lm ab Nd (= 6 M).
2. Rd: 2 fM in jede M (= 12 M).
3. Rd: (2 fM in die folgende M, fM in die folgende M) 6x (= 18 M).
4. Rd: (2 fM in die folgende M, fM in die folgenden 2 M) 6x (= 24 M).
5.+6. Rd: 1 fM in jede M (= 24 M).
7.-12. Rd: In Zitrone 1 fM in jede M (= 24 M).

Ohr (2x)

In Zitrone 2 Lm anschl.
1. Rd: 6 fM in die 2. Lm ab Nd (= 6 M).
2. Rd: 1 fM in jede M (= 6 M).
3. Rd: 2 fM in jede M (= 12 M).
4.-6. Rd: 1 fM in jede M (= 12 M).
7. Rd: (2 fM zus, 1 fM in die folgenden 2 M) 3x (= 9 M).

Horn (2x)

In Nussbraun 2 Lm anschl.
1. Rd: 6 fM in die 2. Lm ab Nd (= 6 M).
2. Rd: 2 fM in jede M (= 12 M).
3. Rd: 1 fM in jede M (= 12 M).
4. Rd: (2 fM zus, fM) 6x (= 6 M).
5. Rd: 1 fM in jede M (= 6 M).

Schnauze

In Zitrone 2 Lm anschl.
1. Rd: 6 fM in die 2. Lm ab Nd (= 6 M).
2. Rd: 2 fM in jede M (= 12 M).
3. Rd: (2 fM in die folgende M, fM in die folgende M) 6x (= 18 M).
4. Rd: (2 fM in die folgende M, fM in die folgenden 2 M) 6x (= 24 M).
5.+6. Rd: fM in jede M (= 24 M).

Körper

In Zitrone 2 Lm anschl.
1. Rd: 6 fM in die 2. Lm ab Nd (= 6 M).
2. Rd: 2 fM in jede M (= 12 M).
3. Rd: (2 fM in die folgende M, fM in die folgenden M) 6x (= 18 M).
4. Rd: (2 fM in die folgende M, fM in die folgenden 2 M) 6x (= 24 M).
5. Rd: (2 fM in die folgende M, fM in die folgenden 3 M) 6x (= 30 M).
6. Rd: (2 fM in die folgende M, fM in die folgenden 4 M) 6x (= 36 M).
7. Rd: (2 fM in die folgende M, fM in die folgenden 5 M) 6x (= 42 M).
8. Rd: (2 fM in die folgende M, fM in die folgenden 6 M) 6x (= 48 M).
9. Rd: (2 fM in die folgende M, fM in die folgenden 7 M) 6x (= 54 M).
10. Rd: (2 fM in die folgende M, fM in die folgenden 8 M) 6x (= 60 M).
11.-14. Rd: (In Nussbraun,1 fM in die folgenden 4 M, in Zitrone 1 fM in die folgenden 8 M) 5x (= 60 M).
15. Rd: In Zitrone 1fM in jede M (= 60 M).
16.-19. Rd: In Zitrone fM in die folgenden 6 M, in Nussbraun fM in die folgenden 4 M, (in Zitrone fM in die folgenden 8 M, in Nussbraun fM in die folgenden 4 M) 4x, in Zitrone fM in die folgenden 2 M (= 60 M).

Spanngarne auf der Rückseite

Weil es nur wenige M sind, die Sie beim Farbwechsel überbrücken müssen, können Sie das jeweils nicht benötigte Garn auf der Rückseite mitlaufen lassen, bis Sie es wieder brauchen. Die Rückseite sieht dann aus, wie auf dem unten abgebildeten Foto.

Das Garn wird bis zum nächsten Farbwechsel auf der Rückseite mitgeführt.

20. Rd: In Zitrone fM in jede M (= 60 M).
21. Rd: (In Zitrone 2 fM zus, fM in die folgenden 4 M, in Nussbraun fM in die folgenden 4 M) 6x (= 54 M).
22. Rd: (In Zitrone 2 fM zus, fM in die folgenden 3 M, in Nussbraun fM in die folgenden 4 M) 6x (= 48 M).
23. Rd: (In Zitrone 2 fM zus, fM in die folgenden 2 M, in Nussbraun fM in die folgenden 4 M) 6x (= 42 M).
24. Rd: (In Zitrone 2 fM zus, fM in die folgende M, in Nussbraun fM in die folgenden 4 M) 6x (= 36 M).
Nehmen Sie die Nd aus der M, aber schneiden Sie den Faden noch nicht ab.

Zwischenschritt

Betrachten Sie Ihre Giraffe. Entscheiden Sie, welche Fleckenverteilung Ihnen am besten gefällt und nehmen Sie diesen Bereich als Vorderseite. Stopfen Sie die Beine aus und nähen Sie sie auf der 8. Rd des Körpers an. Legen Sie die Beine nach vorn, sodass die Giraffe selbstständig sitzen kann. Stopfen Sie die Arme aus und nähen Sie sie 2 Rd oberhalb der Beine an.

Betrachten Sie die Rückseite der Giraffe und finden Sie die mittelste M der 10. Rd. Hier setzt der Schwanz an. Beginnen Sie in Zitrone mit einer Km an dieser Stelle und arbeiten Sie 10 Lm. Nehmen Sie die Nd aus der M. Legen Sie 4 Garnstücke von ca. 8 cm Länge als Quaste in die Schlaufe der M. Dann schneiden Sie in Zitrone mit 10 cm Länge ab und ziehen Sie es als Knoten fest. Stopfen Sie nun den Körper aus und häkeln Sie weiter.

25. Rd: (In Zitrone 2 fM zus, in Nussbraun fM in die folgenden 4 M) 6x (= 30 M).
26. Rd: (In Zitrone 2 fM zus, in Nussbraun fM in die folgenden 3 M) 6x (= 24 M).
27.-30. Rd: (In Nussbraun fM in die folgenden 4 M, in Zitrone fM in die folgenden 4 M) 3x (= 24 M).
31. Rd: In Zitrone fM in jede M (= 24 M).
32. Rd: (2 fM in die folgende M, fM in die folgenden 3 M) 6x (= 30 M).
33. Rd: (2 fM in die folgende M, fM in die folgenden 4 M) 6x (= 36 M).
34. Rd: (2 fM in die folgende M, fM in die folgenden 5 M) 6x (= 42 M).
35. Rd: (2 fM in die folgende M, fM in die folgenden 6 M) 6x (= 48 M).
36.-41. Rd: fM in jede M (= 48 M).
42. Rd: (2 fM zus, fM in die folgenden 6 M) 6x (= 42 M).
43. Rd: (2 fM zus, fM in die folgenden 5 M) 6x (= 36 M).
44. Rd: (2 fM zus, fM in die folgenden 4 M) 6x (= 30 M).
45. Rd: (2 fM zus, fM in die folgenden 3 M) 6x (= 24 M).
46. Rd: (2 fM zus, fM in die folgenden 2 M) 6x (= 18 M).

Nd aus der M nehmen, aber Faden noch nicht abschneiden.

Zwischenschritt

Stopfen Sie den Hals aus. Ebenso die Schnauze und nähen Sie sie mittig auf das Gesicht. Drücken Sie die Schnauze zu einem Oval. Befestigen Sie die Augen oberhalb der Schnauze. Nähen Sie die Hörner auf die 45. und 46. Rd des Kopfes. Drücken Sie die Ohren flach (siehe Seite 61) und nähen Sie die Oberkanten auf der 44. Rd. Stopfen Sie den Kopf aus und häkeln Sie weiter.

47. Rd: (2 fM zus, fM in die folgende M) 6x (= 12 M).
48. Rd: (2 fM zus) 6x (= 6 M).
49. Rd: Die folgende fM mit der 4. folgende M zus, restliche M bleiben frei.

Faden abschneiden und den Knoten nach innen ziehen.

Anmerkung zur Garnqualität

Im traditionellen Baumwollanbau werden jede Menge Pestizide und Chemikalien verwendet, die das Grundwasser belasten und auch in den fertigen Baumwollgarnen Rückstände hinterlassen. Die von mir verwendete gekämmte Baumwolle ist zu 100 % biologisch angebaut – ohne Pestizide und chemische Düngemittel. Das Ergebnis ist ein wundervolles weiches Garn, das Sie mit gutem Gefühl an Ihr Baby weitergeben können.

Zork das Alien

Schwierigkeitsgrad

Größe

ca. 30,5 cm hoch

Material

- Baumwollgarn (100 % biologische Baumwolle, LL 137 m/100 g) in Dunkelgrün, 100 g und in Weiß, Rest
- Häkelnadel 5,0 mm
- Sticknadel
- Sicherheits-Tieraugen in Schwarz, ø 12 mm
- Füllmaterial
- feststellbarer Maschenmarkierer

Maschenprobe

6 Rd fM = Kreis von ø 7,5 cm

Hinweis

Der Körper wird vom Kopf bis nach unten in einem Stück gehäkelt. Während des Vorwärtsarbeitens nähen Sie gleich die Teile an und stopfen Sie den Körper aus, damit Sie noch bequem mit den Händen ins Innere greifen können. Stechen Sie nur durch die hinteren M-Glieder ein (siehe Seite 59).

Mund

In Dunkelgrün 12 Lm anschl.
1. Rd: fM in die 1. Lm (um den Ring zu schließen) und in jede folgende Lm (= 12 M).
2.-5. Rd: fM in jede M (= 12 M).

Arm (2x)

In Dunkelgrün 2 Lm anschl.
1. Rd: 6 fM in die 2. Lm ab Nd (= 6 M).
2. Rd: 2 fM in jede M (= 12 M).
3.-7. Rd: fM in jede M (= 12 M).

Auge und Augenstiel (2x)

Beginnen Sie mit den beiden Augen.
In Weiß 2 Lm anschl.
1. Rd: 6 fM in die 2. Lm ab Nd (= 6 M).
2. Rd: 2 fM in jede M (= 12 M).
3. Rd: (2 fM in die folgende M, fM in die folgende M) 6x (= 18 M).
4. Rd: (2 fM in die folgende M, fM in die folgenden 2 M) 6x (= 24 M).
5. Rd: (2 fM in die folgende M, fM in die folgenden 3 M) 6x (= 30 M).
6.-10. Rd: fM in jede M (= 30 M).
11. Rd: (2 fM zus, fM in die folgenden 3 M) 6x (= 24 M).
12. Rd: (2 fM zus, fM in die folgenden 2 M) 6x (= 18 M).
13. Rd: (2 fM zus, fM in die folgende M) 6x (= 12 M).
14.-18. Rd: In Dunkelgrün fM in jede M (= 12 M).

Körper

19. Rd (Augen zusfassen)**:** fM in jede M von der 18. Rd des ersten Auges, fM in jede M der 18. Rd des zweiten Auges (= 24 M).
Nd aus der M nehmen, aber Garn nicht abschneiden.

Zwischenschritt

Befestigen Sie die Plastikaugen auf Rd 8 der gehäkelten Augen. Hier dürfen Sie kreativ sein. Soll das Alien erstaunt schauen oder schielen? Stopfen Sie die Augen aus und häkeln Sie weiter.

20. Rd: (2 fM in die folgende M, fM in die folgenden 3 M) 6x (= 30 M).
21. Rd: (2 fM in die folgende M, fM in die folgenden 4 M) 6x (= 36 M).
22. Rd: (2 fM in die folgende M, fM in die folgenden 5 M) 6x (= 42 M).
23.-26. Rd: fM in jede M (= 42 M).
27. Rd: (2 fM zus, fM in die folgenden 5 M) 6x (= 36 M).
28. Rd: (2 fM zus , fM in die folgenden 4 M) 6x (= 30 M).
29. Rd: (2 fM zus, fM in die folgenden 3 M) 6x (= 24 M).
30. Rd: (2 fM zus, fM in die folgenden 2 M) 6x (= 18 M).
31.-33. Rd: fM in jede M (= 18 M).

Zwischenschritt

Sollte sich zwischen den beiden Augenstielen ein kleiner Spalt gebildet haben, nähen Sie diesen mit einem Stück Garn in Dunkelgrün und mit einer Sticknadel zu. Ziehen Sie zwei gegenüberliegende M der Spalte zus, verknoten Sie das Garn und ziehen Sie den Knoten nach innen. Um den Mund fertig zu stellen, falten Sie das gehäkelte Teil der Länge nach zur Hälfte. Nähen Sie den Mund, die gefaltete Seite nach außen, an der 24. Rd des Kopfes fest. Stechen Sie dabei durch beide M des Mund-Teils, also durch die M-Glieder der 5. Rd und die Basis der Lmkette. Stopfen Sie den Kopf aus und häkeln Sie weiter.

34. Rd: (2 fM in die folgende M, fM in die folgenden 2 M) 6x (= 24 M).
35. Rd: (2 fM in die folgende M, fM in die folgenden 3 M) 6x (= 30 M).
36. Rd: fM in jede M (= 30 M).
37. Rd: (2 fM in die folgende M, fM in die folgenden 4 M) 6x (= 36 M).
38. Rd: (2 fM in die folgende M, fM in die folgenden 5 M) 6x (= 42 M).
39. Rd: fM in jede M (= 42 M).
40. Rd: (2 fM in die folgende M, fM in die folgenden 6 M) 6x (= 48 M).
41. Rd: (2 fM in die folgende M, fM in die folgenden 7 M) 6x (= 54 M).
42.-50. Rd: fM in jede M (= 54 M).

Kennzeichnen Sie die 50. Rd mit dem Maschenmarkierer. Sie kommen später darauf zurück.

51. Rd: (2 fM zus, fM in die folgenden 7 M) 6x (= 48 M).
52. Rd: (2 fM zus, fM in die folgenden 6 M) 6x (= 42 M).
53. Rd: (2 fM zus, fM in die folgenden 5 M) 6x (= 36 M).
54. Rd: (2 fM zus, fM in die folgenden 4 M) 6x (= 30 M).

Nd aus der M nehmen, Faden aber nicht beenden.

Zwischenschritt

Stopfen Sie die Arme aus und nähen Sie sie auf der 42. Rd (Unterkante) fest. Stopfen Sie den Körper aus und häkeln Sie weiter.

Rüsche

Erinnern Sie sich noch an die markierte Rd? Nun kommen wir darauf zurück.

1. Rd: Setzen Sie Dunkelgrün (Sie können das andere Ende des Knäuels benutzen) in ein vorderes M-Glied einer M der 50. Rd. Häkeln Sie fM durch die vorderen M-Glieder der 50. Rd (= 54 M).
2. Rd: 2 fM in jede M (= 108 M).
3. Rd: (2 fM in die folgende M, fM in die folgende M) 54x (= 162 M).
4. Rd: fM in jede M (= 162 M).

Garn beenden und vernähen.

Weiter mit dem Körper: Greifen Sie wieder das Arbeitsgarn der 54. Rd auf und häkeln Sie weiter.

55. Rd: (2 fM zus, fM in die folgenden 3 M) 6x (= 24 M).
56. Rd: (2 fM zus, fM in die folgenden 2 M) 6x (= 18 M).
57. Rd: (2 fM zus, fM in die folgende M) 6x (= 12 M).
58. Rd: (2 fM zus) 6x (= 6 M).
59. Rd: Die folgende fM mit der folgenden 4. M zus, restliche M frei lassen.
Garn mit einem Knoten beenden und nach innen ziehen.

Micky & Mekki

Schwierigkeitsgrad

Größe

Mekki ca. 20 cm hoch
Micky ca. 15 cm hoch

Material

- Baumwollgarn (100 % biologische Baumwolle, LL 137 m/100 g) in Weiß, Rest (ca. 15 m)
- Häkelnadel 6,5 mm
- Häkelnadel 5,0 mm
- Sticknadel
- Sicherheits-Tieraugen in Schwarz, ø 12 mm
- Füllmaterial

Mekki

- Garn aus Bananenseide (100 % Rayon aus Bananenfaser, LL 137 m/200 g) in Grün, 400 g (ca. 260 m)

Micky

- Garn aus Bananenseide (100 % Rayon aus Bananenfaser, LL 137 m/200 g) in Türkis, 400 g (ca. 150 m)

Maschenprobe

Mit Häkelnd 6,5 mm: 5 Rd Schlingen-M = Kreis von ø 7,5 cm (siehe Hinweis zur Maschenprobe oben rechts)

Hinweis

Der Körper wird von oben nach unten gehäkelt. Sie nähen die Augen an und stopfen das Tier aus, bevor Sie fertig gehäkelt haben. Folgen Sie nur der Anleitung, dann wird alles gut. Die gehäkelten Schlingen (siehe Seite 56) liegen auf der linken Arbeitsseite, deshalb häkeln Sie das Teil von innen nach außen. Keine Sorge, ich gebe Bescheid, wenn Sie es wenden müssen. Stechen Sie nur durch die hinteren M-Glieder ein (siehe Seite 59).

Maschenprobe

Wenn Sie mit handgesponnenen Garnen arbeiten, die unregelmäßig und an manchen Stellen dicker sind als an anderen (wie Bananenseide), kann Ihre Maschenprobe leicht von den vorgegebenen Maßen abweichen. Wichtig ist, dass Ihnen das Aussehen Ihrer Häkelarbeit gefällt. Probieren Sie notfalls andere Nd-Stärken aus, bis Sie zufrieden sind (siehe Maschenproben, Seite 51, über die Wahl der Häkelnadeln zum passenden Garn).

Auge (2x)

In Weiß und Häkelnd 5,0 mm 2 Lm anschl.
1. Rd: 6 fM in die 2. Lm ab Nd (= 6 M).
2. Rd: 2 fM in jede M (= 12 M).
3. Rd: (2 fM in die folgende M, fM in die folgende M) 6x (= 18 M).
4.-6. Rd: fM in jede M (= 18 M).
7. Rd: (2 fM zus, fM in die folgende M) 6x (= 12 M).

Körper

In Grün bzw. Türkis mit Häkelnd 6,5 mm 2 Lm anschl.
1. Rd: 6 fM in die 2. Lm ab Nd (= 6 M).
2. Rd: 2 Schlingen-M in jede M (= 12 M).
3. Rd: (2 Schlingen-M in die folgende M, Schlingen-M in die folgende M) 6x (= 18 M).
4. Rd: (2 Schlingen-M in die folgende M, Schlingen-M in die folgenden 2 M) 6x (= 24 M).
5. Rd: (2 Schlingen-M in die folgende M, Schlingen-M in die folgenden 3 M) 6x (= 30 M).
6. Rd: (2 Schlingen-M in die folgende M, Schlingen-M in die folgenden 4 M) 6x (= 36 M).
7. Rd: (2 Schlingen-M in die folgende M, Schlingen-M in die folgenden 5 M) 6x (= 42 M).
8. Rd: (2 Schlingen-M in die folgende M, Schlingen-M in die folgenden 6 M) 6x (= 48 M).

Für Micky
9.-15. Rd: Schlingen-M in jede M (= 48 M), weiter bei der 25. Rd.

Für Mekki:
9. Rd: (2 Schlingen-M in die folgende M, Schlingen-M in die folgenden 7 M) 6x (= 54 M).
10. Rd: (2 Schlingen-M in die folgende M, Schlingen-M in die folgenden 8 M) 6x (= 60 M).
11. Rd: (2 Schlingen-M in die folgende M, Schlingen-M in die folgenden 9 M) 6x (= 66 M).
12.-21. Rd: Schlingen-M in jede M (= 66 M).
22. Rd: (2 Schlingen-M zus, fM in die folgenden 9 M) 6x (= 60 M).
23. Rd: (2 Schlingen-M zus, fM in die folgenden 8 M) 6x (= 54 M).
24. Rd: (2 Schlingen-M zus, fM in die folgenden 7 M) 6x (= 48 M).

Für Micky & Mekki:
25. Rd: (2 Schlingen-M zus, fM in die folgenden 6 M) 6x (= 42 M).
26. Rd: (2 Schlingen-M zus, fM in die folgenden 5 M) 6x (= 36 M).
27. Rd: (2 Schlingen-M zus, fM in die folgenden 4 M) 6x (= 30 M).
Nd aus der M nehmen, aber Faden nicht beenden.

Zwischenschritt

Wenden Sie die Mikrobe, sodass all die wuscheligen Schlingen außen liegen. Befestigen Sie die Plastik-Augen auf der 5. Rd der gehäkelten Augen. Stopfen Sie die Augen aus und nähen Sie sie auf den Körper. Durch die Schlingen sind die Rd schwierig zu erkennen und einige Schlingen werden gedrückt – das ist normal. Nähen Sie die Augen einfach so fest, dass kein Füllmaterial nach außen dringt, dann ist es gut. Stopfen Sie den Körper aus und schon sind Sie soweit. Häkeln Sie weiter.

28. Rd: (2 fM zus, fM in die folgenden 3 M) 6x (= 24 M).
29. Rd: (2 fM zus, fM in die folgenden 2 M) 6x (= 18 M).
30. Rd: (2 fM zus, fM in die folgende M) 6x (= 12 M).
31. Rd: (2 fM zus) 6x (= 6 M).
32. Rd: die folgende fM mit der folgenden 4. M zus, restliche M frei lassen.
Garn mit einem Knoten beenden und ins Innere ziehen.

Anmerkung zur Garnqualität

Garn aus Bananen? Nun ja, beinahe. Bananenseide ist eine Faser aus den Stämmen und Blättern der Pflanzen, die keine Früchte tragen. Da Bananenpflanzen sehr schnell wachsen, sind sie eine nachwachsende Quelle für Fasern. Die Bananenseide ist besonders umweltfreundlich, da sie aus den Abfällen der gewebten Bananen-Textilien gesponnen wird. Da wird nichts verschwendet. Dieses handgesponnene Garn ist wunderbar weich und ergibt eine mollige Mikrobe.

Deine Kuschelfreunde

Gordon, die Qualle
Seite 8-9

Benny, der Elefant
Seite 6-7

Mango, der Orang-Utan
Seite 10-11

Freddy, die Schnecke
Seite 14-15

Wally, das Walross
Seite 16-17

Lala, der Panda
Seite 18-19

Andy, das Alpaka
Seite 20-23

Finn, der Fisch
Seite 24-25

Ringo,
die Schlange

Seite 12-13

Carlos, die Krabbe

Seite 28-29

Kai,
der Kiwi

Seite 26-27

Olanda, die Eule

Seite 30-31

Erik,
der Elch

Seite 36-37

Sally,
das Krokodil

Seite 32-35

Patrick, der Pinguin

Seite 38-39

Gitty,
die Giraffe

Seite 40-41

Zork, das Alien

Seite 44-45

Micky & Mekki

Seite 46-47

Material und Zubehör

Das richtige Werkzeug und einige Grundkenntnisse reichen aus, um die reizenden Tiere herzustellen.

Wahl des Garns

Sie möchten also eines der Tiere in diesem Buch nacharbeiten? Dann beginnen Sie mit der Wahl des Garns. Bei jedem Tier ist ein spezielles Garn genannt, aber was tun, wenn Sie es nicht in Ihrem Vorrat finden? In diesem Kapitel erfahren Sie, wie Sie einen geeigneten Ersatz finden und schon bald arbeiten Sie wie ein Profi mit verschiedenen Materialien.

Warum Garne ausprobieren?

Die meisten von uns kennen die üblichen Angebote: Schurwolle, Acryl und Baumwolle. Aber wissen Sie auch, dass es Garne aus Bambus, Stroh, Soja, Banane, Opossumhaar oder Milch gibt?

Viele dieser Fasern haben interessante Oberflächen und das Ausprobieren ist das pure Vergnügen. Häkeltiere sind eine fantastische Gelegenheit, mit neuen und interessanten Fasern zu arbeiten, denn sie benötigen nur ein bis zwei Knäuel. So können Sie sich luxuriöse Garne leisten, auf die Sie vielleicht schon lange ein Auge geworfen haben (für einen Pullover viel zu teuer ...).

Für meine Modelle habe ich viele außergewöhnliche Garne verwendet. Es gibt Tausende von Garnen zur Auswahl, warum also nicht eines wählen, das aus der Reihe tanzt? Ich wählte Garne aus ganz besonderen Fasern, aus biologischem Anbau, ungefärbte Garne (wussten Sie, dass Alpakas 50 verschiedene Wollfarben liefern?) und Garne von Herstellern, die fairen Handel betreiben.

Garne ersetzen

Bei jedem Projekt habe ich das Garn angegeben, mit dem ich gearbeitet habe. Sie brauchen sich aber nicht strikt an meinen Vorschlag zu halten. Über die vielen verschiedenen Fasern habe ich ja schon gesprochen. Sie wissen aber auch, dass Garne verschiedene Stärken haben, von spitzenleicht bis superdick. Das Wissen über die Garnstärke ist der Schlüssel zu erfolgreichen Projekten, die in anderen Garnen gearbeitet werden.

Glücklicherweise steht das meiste, das Sie wissen müssen, auf der Banderole des Knäuels, oft etwas verschlüsselt. Bei jedem Knäuel ist die Garnstärke angegeben, die erkennen lässt, dass es sich hier um ein mitteldickes Garn handelt. Wenn so ein Zeichen fehlt, keine Angst, dann suchen Sie nur nach der Angabe „Maschen pro cm“, also der Maschenprobe. Dann schauen Sie auf der Tabelle nach (Seite 62) und finden dort, um welche Stärke es sich handelt. Wenn also meine Anleitung nach einem mittleren gekämmten Garn verlangt, dann eignet sich eine Maschenprobe „11 Maschen für 10 cm“ genau richtig.

Wenn Sie nun Lust auf Abenteuer haben und mit einem Garn anderer Stärke arbeiten möchten, nur zu, es ist nicht so schwierig wie es scheinen mag. Sie brauchen nur zum Garn zu greifen, die passende Häkelnadel auszusuchen (die Nadelstärke ist auf der Banderole angegeben oder Sie finden sie auf Seite 62) und schon können Sie beginnen. Denken Sie nur daran: je dicker das Garn, desto größer wird das Tier, das Sie häkeln (und umso mehr Garn werden Sie benötigen).

Die Anleitung für Micky, die Mikrobe (Seite 46) verlangt nach einem groben, dicken Garn. Aber was, wenn Sie keine 15 cm große Mikrobe haben möchten? Oder wenn durch die Arbeit mit grobem Garn Ihre Handgelenke schmerzen? Dann probieren Sie aus, wie Micky in dünnerem Garn aussieht und mit gekämmter Baumwolle oder vielleicht in der vorgeschlagenen Bananenfaser.

Micky wirkt in allen Garnstärken ganz entzückend. Probieren Sie alle Garne aus.

Häkelnadeln

Es gibt fast so viele unterschiedliche Häkelnadeln, wie es Garne gibt. Sie sind aus unterschiedlichen Materialien und sehen jeweils anders aus. Welches Material und welche Art der Nadel Sie wählen, liegt bei Ihnen. Wichtig ist, zu wissen, dass es verschiedene Stärken gibt. Dicke Nadeln machen große Maschen und dünne Nadeln machen kleine Maschen. Zum Glück ist die Nadelstärke direkt auf Ihrer Nadel zu finden. Wählen Sie also die Nadelstärke, die in der Anleitung angegeben ist.

Wenn Sie aber mit anderen als den vorgeschlagenen Garnen arbeiten möchten, lesen Sie den Abschnitt „Maschenprobe" (unten) und finden Sie die richtige Nadelstärke.

Maschenprobe

Sie können nicht mit dem Häkeln beginnen, ohne dass Sie die Maschenprobe kennen. Jedes Projekt in diesem Buch hat eine Angabe, wie viele Maschen pro Zentimeter Sie mit dem bestimmten Garn und der vorgeschlagenen Nadelstärke erhalten sollten. Ich erkläre Ihnen, wie Sie eine Maschenprobe herstellen und wie Sie ganz sicher die richtige Nadelstärke finden – auch ohne eine Maschenprobe häkeln zu müssen.

Normale Maschenprobe häkeln

Nehmen wir an, Sie möchten die Eule Olanda häkeln (Seite 41). Die Anleitung sagt: „7 Rd von fM = 12,5 cm Durchmesser, nur durch die hinteren Maschenglieder stechen". Um die Maschen vergleichen zu können, häkeln Sie einen Kreis und stechen dabei nur durch die hinteren Maschenglieder ein (siehe Seite 59). Arbeiten Sie die genannte Zahl von Runden (hier 7 Runden). Nun ermitteln Sie den Durchmesser.

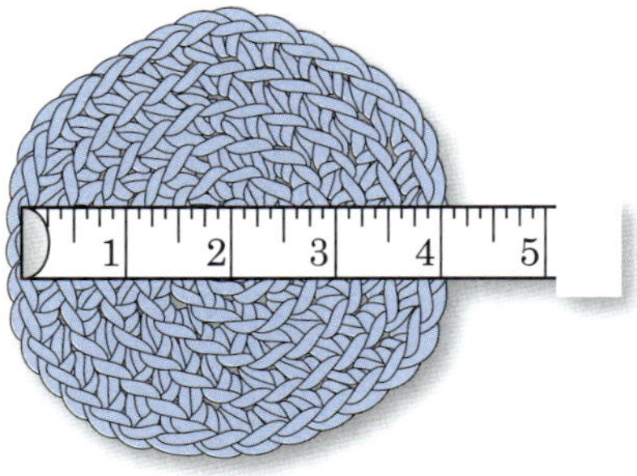

Der Grund für die Maschenprobe ist, dass jeder Mensch anders häkelt. Manche Menschen häkeln sehr fest, andere sehr locker, und das führt zu unterschiedlichen Maschen. Wenn Ihr Kreis 12,5 cm Durchmesser hat, dann haben Sie Glück. Ist der Kreis zu groß, wechseln Sie zu einer dünneren Nadel, ist der Kreis zu klein, nehmen Sie eine dickere.

Wenn Ihre Probe nur wenig abweicht, ist das keine große Sache. Dann wird Ihre Eule eben einen Zentimeter kleiner als meine. Na und? Außerdem soll das Häkeln Freude machen. Da sollte eine Maschenprobe nicht der Grund sein, diese süße Eule nicht zu häkeln. Nehmen Sie es leicht.

Fast eine Maschenprobe

Die angegebene Maschenprobe funktioniert nur mit der vorgeschlagenen Garnstärke. Aber wenn Sie nun mit dickerem Garn arbeiten möchten (siehe Garne ersetzen, Seite 65), oder wenn Sie zu bequem sind, das Lineal hervorzukramen? Können Sie dann immer noch sicher sein, dass Sie die richtige Häkelnadel benutzen? Klar können Sie das. Wenn Sie ein Tier ausstopfen möchten, ist es wichtig, dass das Füllmaterial nicht nach außen dringt, und das kann passieren, sobald Ihre Maschen zu groß sind. Die Proben (oben rechts) sind aus demselben mitteldicken Garn und drei verschiedenen Nadelstärken gehäkelt. Es ist ein bisschen wie bei „Goldlöckchen" – das erste Muster wurde mit einer zu kleinen Nadel gehäkelt (das macht beim fertigen Tier nichts aus, aber Ihre Hände verkrampfen sich), das dritte Muster entstand mit einer zu dicken Nadel (sehen Sie nur die riesigen Löcher!). Das mittlere Muster ist genau richtig.

Von unten nach oben: Muster mit einer zu kleinen Häkelnadel, mit der richtigen Häkelnadel und mit einer zu großen Häkelnadel gearbeitet.

Wenn Sie also ein Muster produzieren, das gut aussieht (siehe oben), haben Sie auch die richtige Nadel. Und nun fangen Sie endlich mit dem Tierchen an!

Anderes Zubehör

Garn und Häkelnadeln sind natürlich das Wichtigste, aber Sie brauchen noch einige andere Dinge für die frechen Freunde in diesem Buch.

Maschenmarkierer

Solche Markierer sind unglaublich nützlich. Sie helfen Ihnen beim Häkeln, damit Sie wissen, wo Sie gerade sind. Maschenmarkierer fallen nicht heraus.

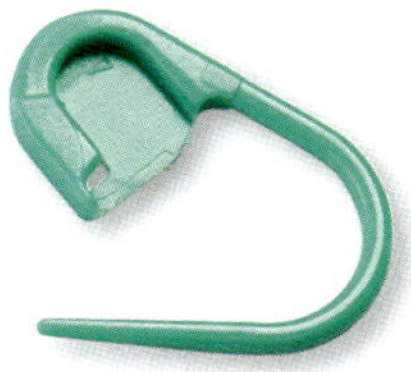

Feststellbarer Maschenmarkierer

Glauben Sie mir, wenn Sie erst einmal den Faden verloren haben, weil jemand Ihre Häkelarbeit in die Hand genommen hat und der Markierer herausgefallen ist, sind Sie der gleichen Meinung wie ich. Wie Sie den Markierer einhängen, erfahren Sie im Kapitel „In Runden arbeiten“ (Seite 59).

Plastik-Tieraugen

Die Tiere in diesem Buch haben Plastik-Sicherheitsaugen, die es in vielen verschiedenen Farben zu kaufen gibt. Diese Augen haben an der Rückseite einen Stiel und werden mit einer Art Gegenmutter aus Plastik oder Metall befestigt.

Plastikaugen gibt es in vielen verschiedenen Farben und Größen.

Sie befestigen diese Augen, indem Sie den Stiel an der richtigen Stelle auf Ihrem Tier zwischen zwei Maschen hindurch stecken und von innen die Gegenmutter darüber schieben. Arbeiten Sie sorgfältig, denn wenn die Mutter einmal fest sitzt, können Sie sie nicht mehr entfernen. Achten Sie also unbedingt auf die richtige Position, bevor Sie die Mutter aufsetzen. Diese Augen sind zwar sehr sicher, eignen sich aber trotzdem nicht für Kleinkinder (oder für Haustiere). Wenn Sie also ein Kuscheltier für ein Kind von unter 3 Jahren arbeiten, ersetzen Sie die Plastik-Augen durch gehäkelte, kindersichere Augen.

Kindersichere, gehäkelte Augen

Sie können die Augen auch sticken, aber das finden viele zu kompliziert. Häkeln Sie die Augen einzeln, wie unten angegeben, und dann nähen Sie sie an, wie die anderen Körperteile (siehe Seite 60).

Auge (2x)

2 Lm mit schwarzem Garn derselben Stärke wie der Rest des Tieres. 6 fM in die 2. der Lm.

Ausstopfen

Ein ausgestopftes Kuscheltier benötigt Stopfmaterial. Ich verwende Polyesterwatte. Es gibt sie zu kaufen, sie ist nicht teuer, waschbar und nicht allergen (lauter gute Eigenschaften). Sie erhalten ganz sicher eine Tüte voll im nächsten Bastelbedarf. Für ein Tier benötigen Sie höchstens ein paar Handvoll und so reicht eine Tüte für viele weiche Kuscheltiere.

Sticknadeln

Für das Zusammensetzen von Teilen arbeiten Sie mit einer kräftigen Sticknadel (wie z. B. beim Annähen der Ohren an den Elch). Es gibt sie aus Plastik oder Metall, mit gerader oder mit gebogener Spitze. Eine gebogene Spitze hilft, die Maschen des Teils zu fassen, das Sie gerade annähen möchten. Das Wichtigste an der Nadel ist, dass das Garn durch das Öhr passt.

Die Häkelmaschen

In diesem Kapitel sind die Maschen beschrieben, die im Buch angewendet werden. Die Maschen sind alphabetisch geordnet (mit ihren Abkürzungen). Auf Seite 64 finden Sie die komplette Liste der verwendeten Abkürzungen.

Anfangsschlinge

Ich kenne zwei Arten von Anfangsschlingen. Die normale Standardschlinge eignet sich für alle Projekte, doch bleibt manchmal in der Mitte ein kleines Loch, sobald man in Runden arbeitet. Um dieses Loch zu vermeiden, lehre ich in meinen Kursen die lose Anfangsschlinge. Probieren Sie beide aus und verwenden Sie die, die Ihnen am besten gefällt.

Normale Anfangsschlinge

Die normale Anfangsschlinge ist sehr einfach und bildet einen festen Knoten am Anfang Ihrer Arbeit. Formen Sie ca. 8 cm vor dem Garnende eine Schlinge. Stechen Sie die Häkelnadel in die Schlinge und ziehen Sie das Garn durch. Ziehen Sie am Garnende, um den Knoten zu schließen. Nun können Sie beginnen.

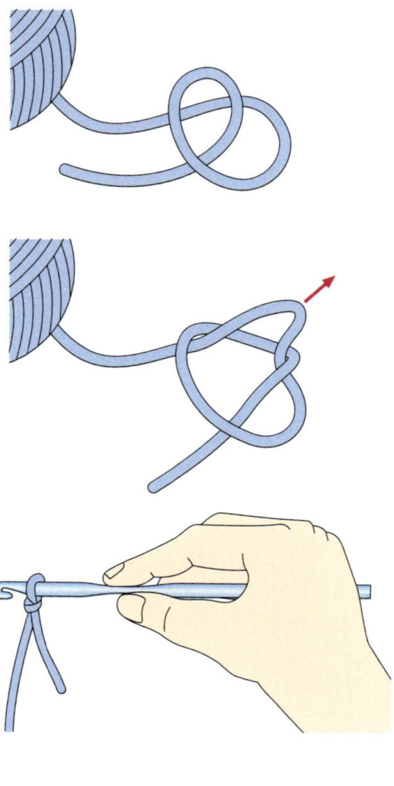

Lose Anfangsschlinge

Legen Sie das Garn um die Nadel und drehen Sie es einmal um sich selbst.

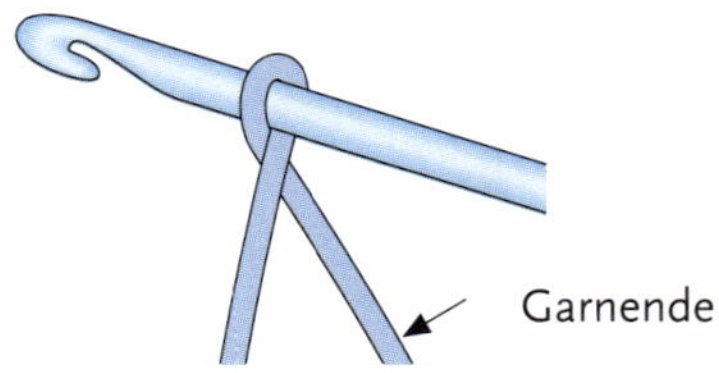

Halten Sie das gedrehte Garn unterhalb der Nadel mit den Fingern Ihrer linken Hand und machen Sie Luftmaschen (2 reichen), wie in der Anleitung angegeben. Jetzt kommt das Beste: Sobald Sie die erste Runde fertig haben, ziehen Sie am Garnende und das Loch ist geschlossen. Da Sie nicht mit einem Knoten beginnen, ist die Anfangsschlinge dicht zugezogen. Hurra!

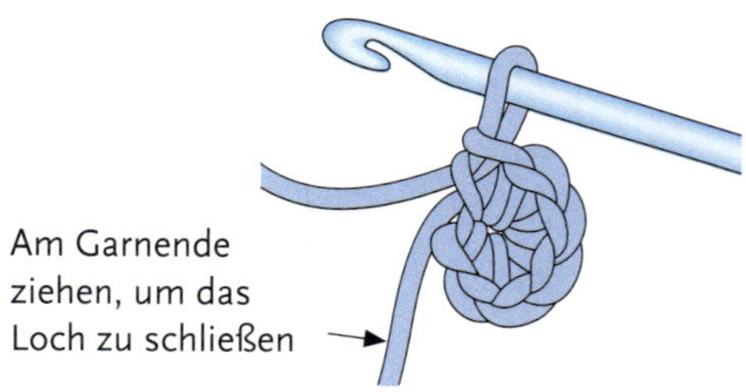

Handhaltung

Wenn Ihnen das Häkeln schwer fällt, liegt es vielleicht daran, wie Sie die Nadel halten. Wenn Sie das Garn um die Nadel legen, sollte der Haken zu Ihnen weisen. Sobald Sie das Garn durch die Schlaufe auf der Nadel ziehen, drehen Sie den Haken nach unten. Auf diese Weise rutscht der Haken leicht durch die Schlaufe, ohne dass er sich verfängt.

Luftmasche (Lm)

Bei jeder Anleitung finden Sie die Anzahl der Luftmaschen, mit denen Sie beginnen. Ziehen Sie die Nadel durch die Anfangsschlinge auf der Nadel. So erhalten Sie eine neue Schlaufe, die als erste Luftmasche zählt. Wiederholen Sie dies, bis Sie die erforderliche Anzahl von Luftmaschen gearbeitet haben.

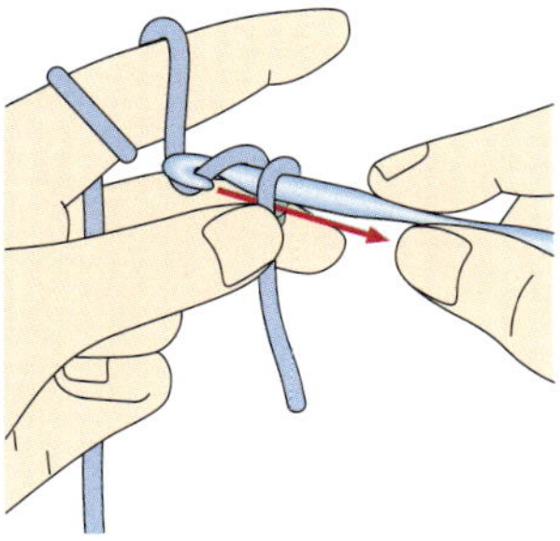

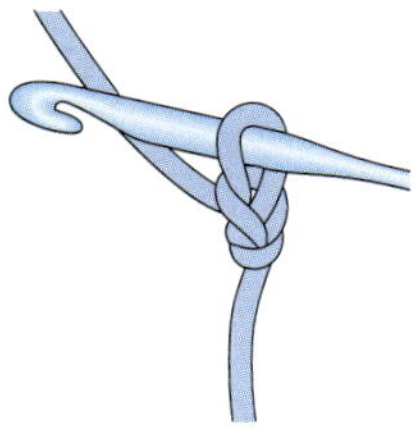

Feste Masche (fM)

Die feste Masche ist hier in diesem Buch die am meisten verwendete Masche. Sie bildet eine dichte Fläche, die sich für Kuscheltiere besonders gut eignet, denn sie lässt das Füllmaterial nicht nach außen dringen. Stechen Sie die Nadel in die folgende Masche und legen Sie das Garn um die Nadel. Ziehen Sie das Garn durch die Masche.

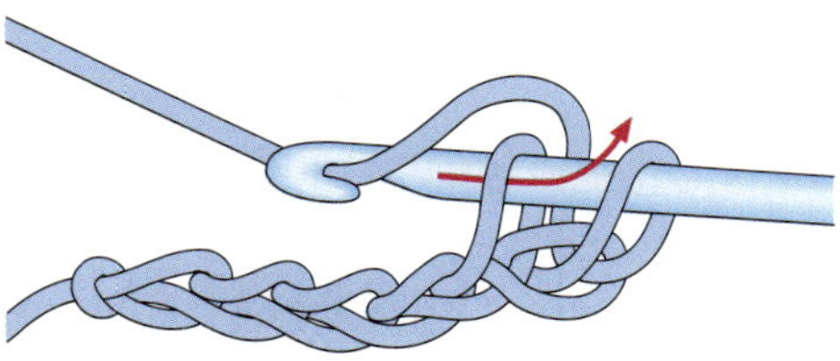

Es befinden sich nun zwei Umschläge auf der Nadel. Legen Sie das Garn wieder um den Haken und ziehen Sie es durch beide Umschläge auf der Nadel.

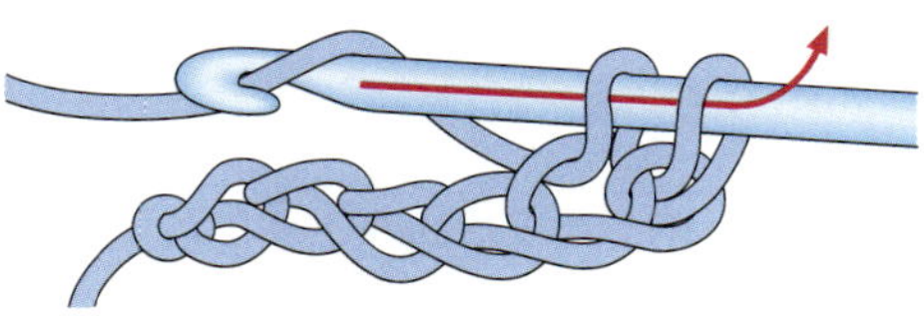

Feste Masche abnehmen

Zwei feste Maschen zusammenzuhäkeln ist eine übliche Art des Abnehmens. Stechen Sie die Nadel in die folgende Masche, legen Sie das Garn um die Nadel und ziehen Sie es durch die Masche. Stechen Sie die Nadel in die folgende Masche, legen Sie das Garn um die Nadel und ziehen sie es durch die Masche (das ist kein Tippfehler, Sie müssen das zweimal machen).

Jetzt befinden sich drei Umschläge auf der Nadel. Legen Sie das Garn wieder um die Nadel und ziehen Sie es durch alle drei Umschläge. Sie haben nun eine Masche, wo sonst zwei wären.

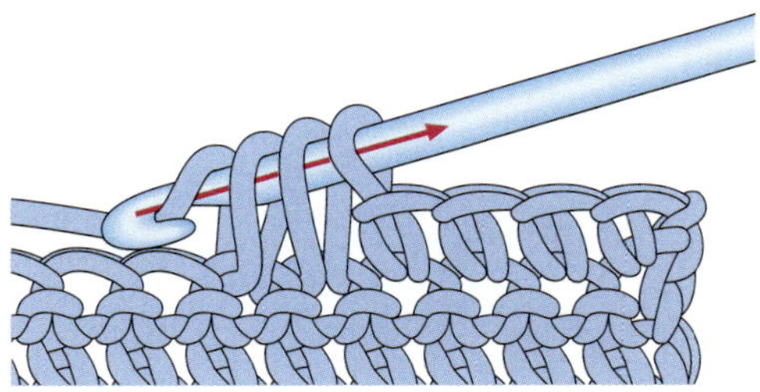

Kettmasche (Km)

Stechen Sie die Nadel in die folgende Masche und legen Sie das Garn um die Nadel. Ziehen Sie das Garn durch beide Umschläge auf der Nadel.

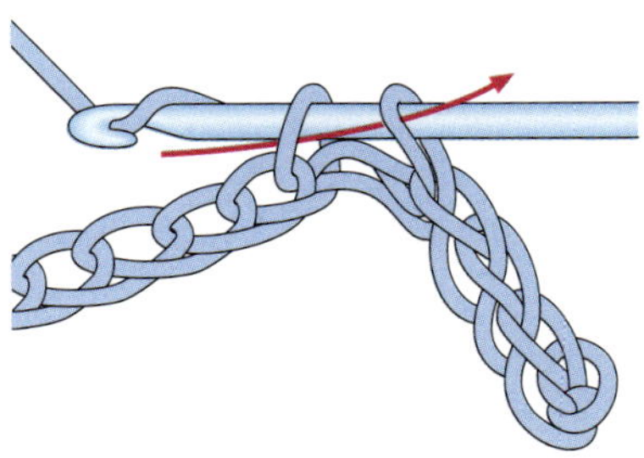

Stäbchen (Stb)

Legen Sie das Garn um die Nadel. Dann stechen Sie die Nadel in die folgende Masche.

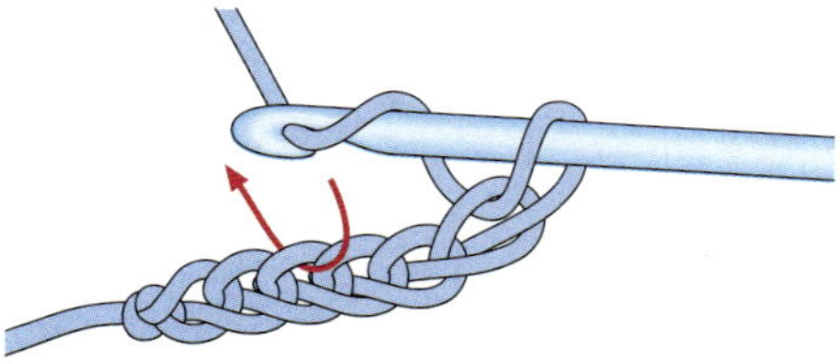

Legen Sie das Garn noch einmal um die Nadel und ziehen Sie es durch die Masche. Drei Schlingen bleiben auf der Nadel. Legen Sie das Garn wieder um die Nadel und ziehen Sie es durch die ersten beiden Schlingen.

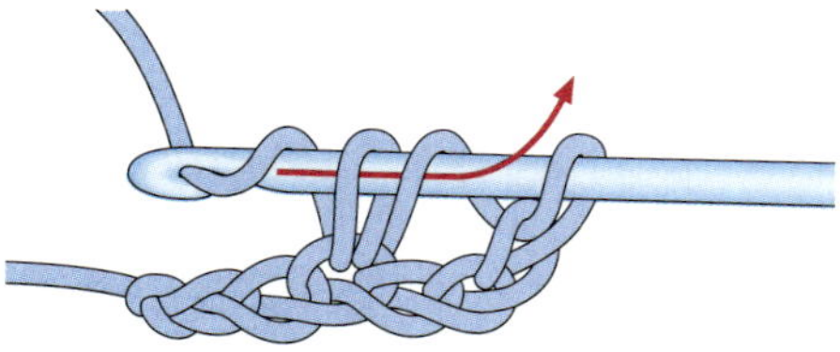

Legen Sie das Garn um die Nadel und ziehen Sie es durch die verbleibenden zwei Schlingen auf der Nadel.

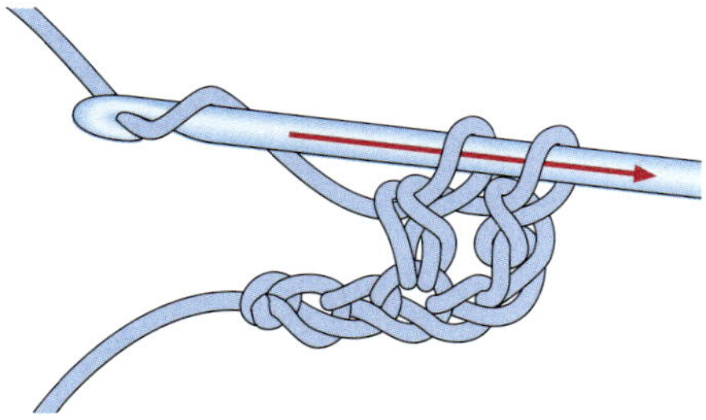

Halbes Stäbchen (hStb)

Legen Sie das Garn um die Nadel. Dann stechen Sie die Nadel in die folgende Masche.

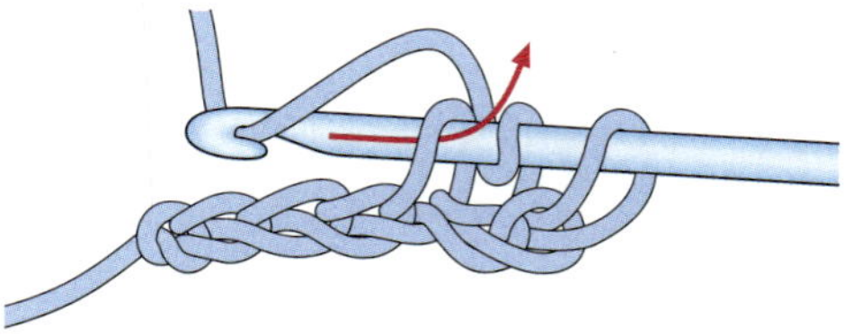

Legen Sie das Garn noch einmal um die Nadel und ziehen Sie es durch die Masche. Es liegen jetzt drei Schlingen auf der Nadel. Legen Sie das Garn wieder um die Nadel und ziehen Sie es durch alle drei Schlingen.

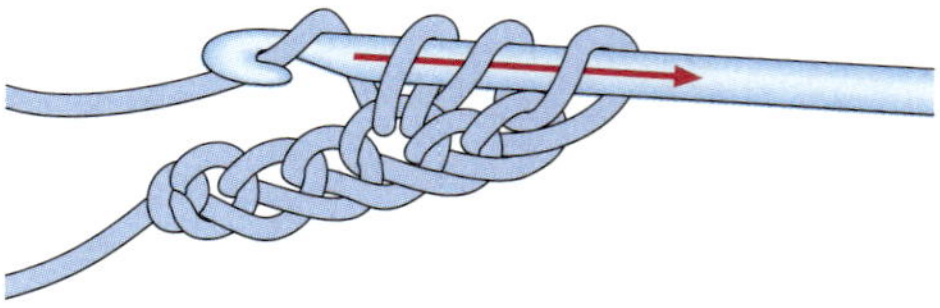

Schlingenmasche

Mit dieser Technik bilden Sie, wie der Name sagt, eine Schlinge. Es ist gut, diese Masche zu beherrschen, denn Sie eignet sich besonders für die weichen Alpakas oder andere Tiere mit langem Fell. Stechen Sie die Nadel in die folgende Masche. Legen Sie das Garn um den Zeigefinger Ihrer linken Hand und legen Sie es dann mit dem zu Ihnen weisenden Garn über die Nadel. Dann fassen Sie das weiter entfernte Garn von Ihrem Zeigefinger und ziehen beide Schlingen durch die Masche.

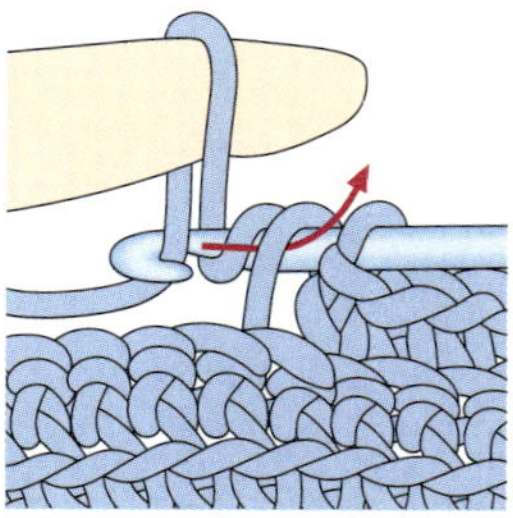

Ziehen Sie den Finger aus der Schlaufe und Sie sehen die Schlinge. Legen Sie das Garn wieder um die Nadel und ziehen Sie ihn durch alle Schlingen auf der Nadel.

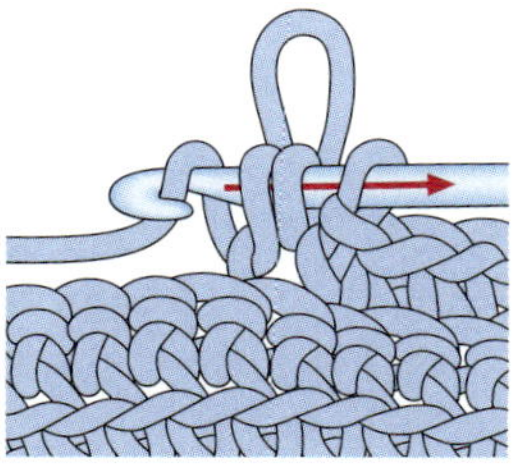

Beachten Sie, dass sich die Schlingen auf der linken Arbeitsseite bilden. Wenn Sie also Teile zusammennähen, die mit Schlingenmaschen gearbeitet wurden, muss die linke Seite (die mit den Schlingen) nach außen weisen.

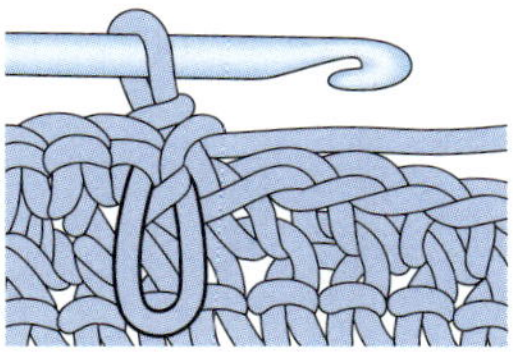

Schlingenmaschen abnehmen

Wenn Sie zwei Schlingenmaschen zusammenhäkeln, haben Sie eine Masche abgenommen. Stechen Sie die Nadel in die folgende Masche, legen Sie das Garn über Ihren Zeigefinger, wie bei der Schlingenmaschen beschrieben, und ziehen Sie das Garn durch. Dann stechen Sie die Nadel in die folgende Masche, legen Sie das Garn über Ihren Zeigefinger und ziehen Sie es durch. Als Nächstes legen Sie das Garn um die Nadel und ziehen Sie es durch alle Schlingen auf der Nadel.

Noppe

*Legen Sie das Garn um die Nadel, stechen Sie die Nadel in das vordere Maschenglied ein, die in der Reihe darunter liegt. Die nachfolgende Masche bleibt frei und die Noppe nimmt den Platz der nächsten Masche ein.

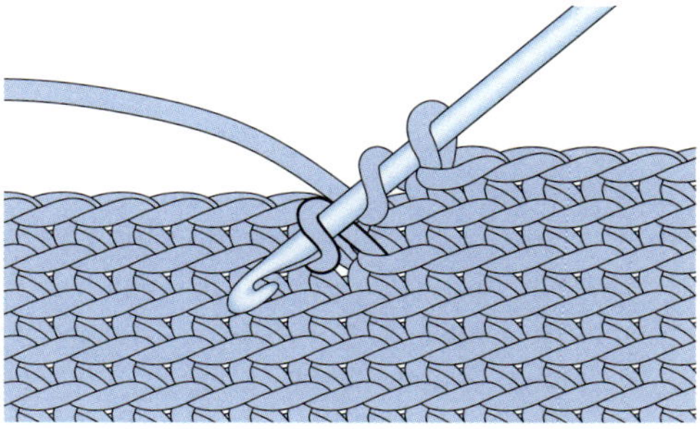

Legen Sie das Garn um die Nadel und ziehen Sie die Masche durch, lassen Sie drei Schlingen auf der Nadel. Legen Sie das Garn um die Nadel und ziehen Sie es durch die ersten zwei Schlingen. Wiederholen Sie dies ab * noch zweimal (indem Sie die Nadel in die gleiche Masche einstechen) – bis Sie vier Umschläge auf der Nadel haben.

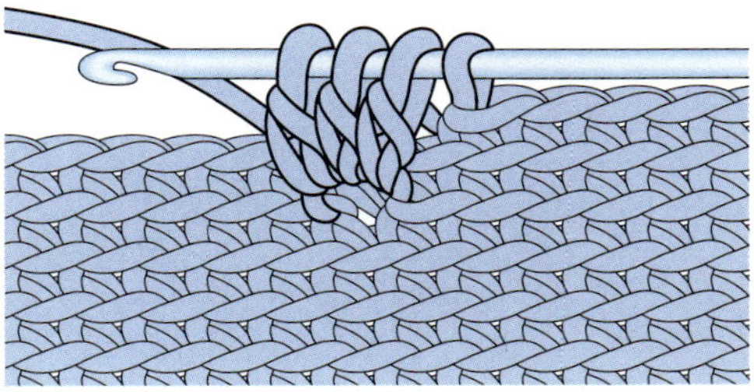

Legen Sie das Garn um die Nadel und ziehen Sie sie durch alle Schlaufen auf der Nadel. Schon haben Sie eine wunderbare Noppe.

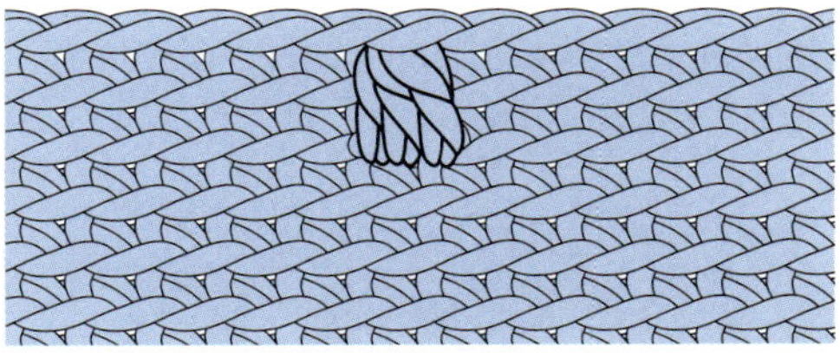

Weitere Techniken

Die nun folgenden Techniken sind für die Fertigstellung der Projekte sehr hilfreich. Das Häkeln wird zum Kinderspiel.

Farbwechsel

Sobald Sie von einer Farbe zur nächsten wechseln möchten, gibt es einen Trick, damit der Übergang sauber aussieht. Häkeln Sie bis zwei Maschen vor dem Farbwechsel. In die folgende Masche (die letzte vor dem Wechsel) stechen Sie wie üblich ein, ziehen aber die letzte Schlaufe nicht durch. Stattdessen legen Sie die neue Garnfarbe um die Nadel und ziehen sie durch die verbleibenden Umschläge. Arbeiten Sie nun mit der neuen Farbe weiter.

Da das Projekt ausgestopft wird, dürfen Sie die Fadenenden verknoten und auf der Innenseite hängen lassen. Der Knoten sichert die Verbindung, damit sie beim Ausstopfen nicht aufgeht.

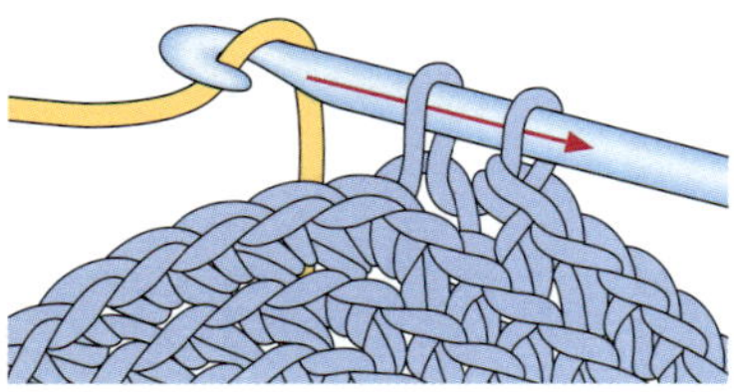

Fertigstellen

Wenn Sie fertig sind, schneiden Sie das Garn mit einem ca. 10 cm langen Ende nach der letzten Masche ab. Legen Sie das Garn um die Nadel und ziehen Sie es vollständig durch die letzte Masche. Ziehen Sie am Garnende, und schon haben Sie einen festen Knoten gemacht.

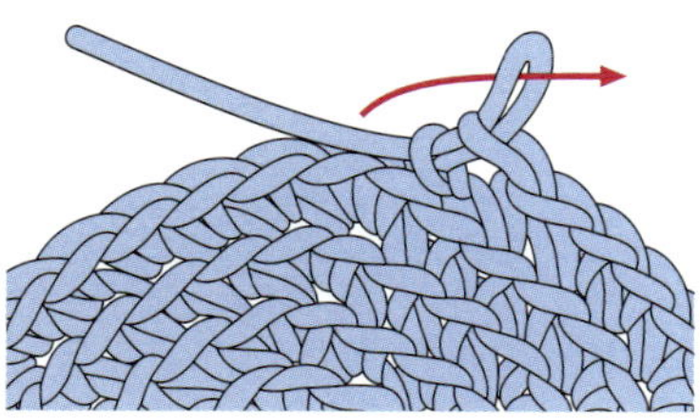

Sollte in der Anleitung stehen: „Mit einem langen Faden beenden“, müssen Sie ein ausreichend langes Garnende lassen, bevor Sie es abschneiden und durch die letzte Masche ziehen. Mit dem langen Ende nähen Sie Einzelteile aneinander. Sie brauchen hier also mindestens 30 cm Garn.

Beide Kanten der Luftmaschen benutzen

Bei manchen Teilen werden beide Kanten einer Luftmaschenkette bearbeitet. Häkeln Sie also zuerst die erforderliche Anzahl von Luftmaschen. Am Ende der Luftmaschenreihe wenden Sie im Uhrzeigersinn, die rechte Arbeitsseite weist immer noch zu Ihnen hin, die Unterkante der Luftmaschenreihe liegt oben. Dann häkeln Sie wie angegeben in die Unterkante jeder Luftmasche.

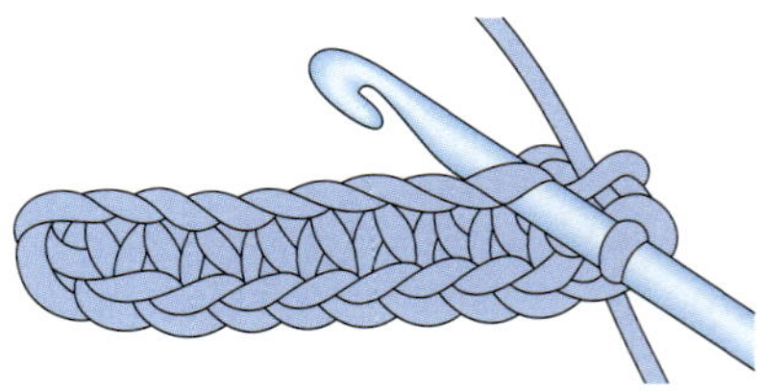

Maschenglieder

Bei jeder Häkelmasche bildet sich ein Maschenglied, das jeweils einen Faden vorn und einen Faden hinten aufweist. In den Anleitungen benutzen Sie drei verschiedene Möglichkeiten, in diese Maschen einzustechen, was zu unterschiedlichen Effekten führt.

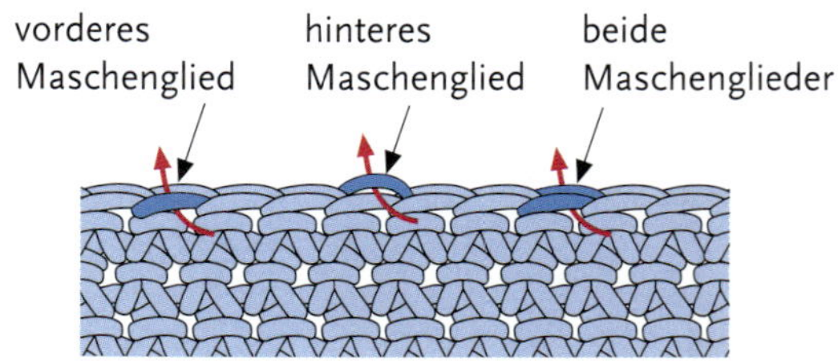

Durch das hintere Maschenglied

Bei den meisten Modellen sollen Sie nur durch das hintere Maschenglied einstechen. Dies führt zu einem kleinen Grat (die freien vorderen Maschenglieder), der nicht nur gut aussieht, sondern auch beim Zusammennähen der Einzelteile hilfreich ist (siehe rechts unten).

Durch das vordere Maschenglied

Gelegentlich werden Sie angewiesen, durch das vordere Maschenglied zu stechen, meist für Strukturmaschen wie z. B. die Noppen (Seite 57) oder für eine Rüsche (wie bei der Qualle Seite 8).

Durch beide Maschenglieder

Eigentlich werden beim Häkeln immer beide Maschenglieder durchstochen. Hier brauchen Sie dies nur beim Walross und dem Alpaka (Seiten 16 und 20). Wenn Sie lieber durch beide Maschen stechen, können Sie dies gerne bei allen Tieren anwenden, außer bei der Qualle, dem Krokodil und dem Alien, denn da erhalten Ihre Tiere eine andere Oberfläche. Vielleicht brauchen Sie dann eine etwas dünnere Nadel, damit im Gewebe keine Löcher bleiben (arbeiten Sie vorab eine Maschenprobe, wie auf Seite 51 angegeben).

Beim Muster links wurde nur in die hinteren Maschenglieder eingestochen, beim rechten Muster in beide.

In Runden arbeiten

Besonders wenn Sie Anfängerin sind, kann das Arbeiten in Runden etwas verwirrend sein. Es ist nicht klar ersichtlich, wo eine Runde beginnt oder endet und so können Sie leicht durcheinander kommen. Ich empfehle einen Maschenmarkierer, den Sie in die letzte Masche einer Runde einhängen. Wenn Sie dann die Maschen der folgenden Runde gehäkelt haben, sollten Sie genau am Markierer enden. Setzen Sie den Markierer ans Ende jeder Runde, damit Sie stets wissen, wo Sie sich befinden.

Folgen Sie den Anweisungen und häkeln Sie Runde um Runde, ohne die Arbeit zu wenden, bis Sie fertig sind.

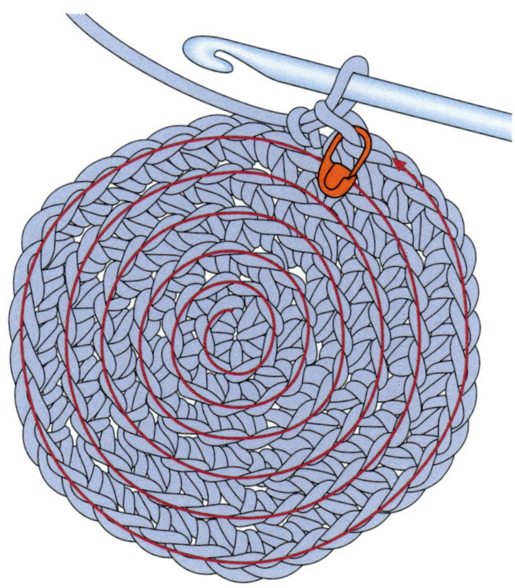

Einzelteile zusammennähen

Bei allen Tieren werden zuerst die kleinen Einzelteile gehäkelt, dann ausgestopft und zum Schluss zum Tierkörper zusammengenäht.

Ein guter Anfang

Damit schon der Anfang gut aussieht, fädeln Sie das Garnende in eine Sticknadel und stechen in das hintere Maschenglied der folgenden Masche ein, wie abgebildet. So wird der kleine Schlussknoten in das Körperteil hinein gezogen und bleibt auch beim fertigen Tier unsichtbar. Mit diesem Garnende können Sie nun das Körperteil auf dem Hintergrund festnähen.

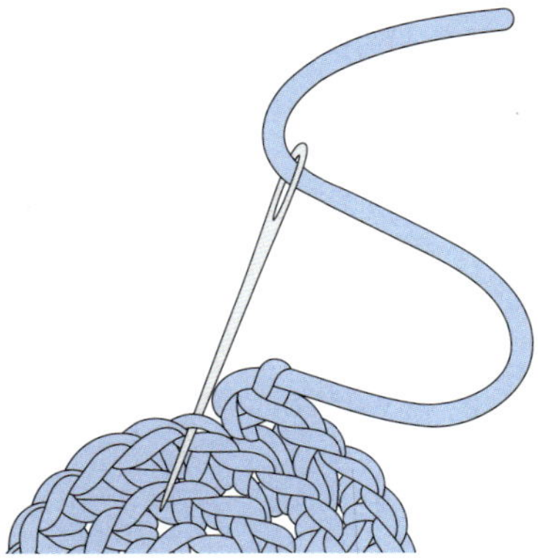

Körperteile annähen

Nähen Sie mit dieser Technik kleine Gliedmaßen am Hauptkörper fest, wie z. B. einen Kopf oder die Arme. Beginnen Sie mit dem „Ein guter Anfang" (siehe oben) und stechen Sie die Nadel durch eine Masche des Hintergrundteiles und durch das hintere Maschenglied der folgenden Masche des Körperteils.

Fahren Sie so fort, bis das Teil vollständig festgenäht ist. Am Ende auf der linken Arbeitsseite des Körpers einen Knoten machen.

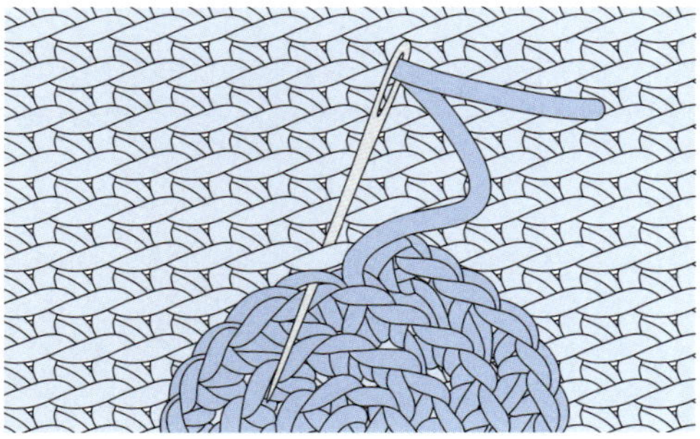

Bei den Anleitungen ist angegeben, wo genau Sie ein Körperteil annähen sollen. Wenn z. B. beim Elefant steht: Unterkante der Beine an Runde 8 des Körpers festnähen, bedeutet das, dass Sie mit dem Annähen der Unterkante eines Beins an Runde 8 des Körpers beginnen und dann weiter festnähen, so wie es sich ergibt. Das heißt hier, dass die Oberkante der Beine etwa auf die 13. Runde treffen wird. Dies ist keine unveränderliche Angabe. Achten Sie darauf, was gut aussieht.

Einen Hals formen

Der Kopf eines Tiers wird genauso festgenäht wie die anderen Körperteile, mit einem Unterschied: Wenn Sie den Kopf annähen, ziehen Sie den Faden sehr fest an, bevor Sie den Abschlussknoten machen. Dadurch wird der Hals des Tieres deutlich geformt. Unten ist beim linken Kiwi der Kopf wie ein normales, anderes Körperteil angenäht und Sie sehen, dass der Hals sehr dick wirkt. Beim rechten Kiwi wurde das Garn beim Annähen ziemlich fest angezogen, dadurch bekommt der Hals eine viel schönere Form.

Links ein Kiwi mit einem dicken Hals, rechts ein Kiwi mit einem schönen, deutlich geformten Hals.

Flache Teile anbringen

Manche Teile, so wie ein Ohr oder ein Flügel, werden in Runden gehäkelt und dann vor dem Annähen gefaltet und flach gedrückt. Legen Sie das Teil vor sich, sodass die Abschlussmasche rechts liegt. Beginnen Sie mit dem „guten Anfang" (Seite 60). Dann stechen Sie die Nadel durch eine Masche des Hintergrundteiles und durch die hinteren Maschenglieder beider Oberkanten des flachen Teils.

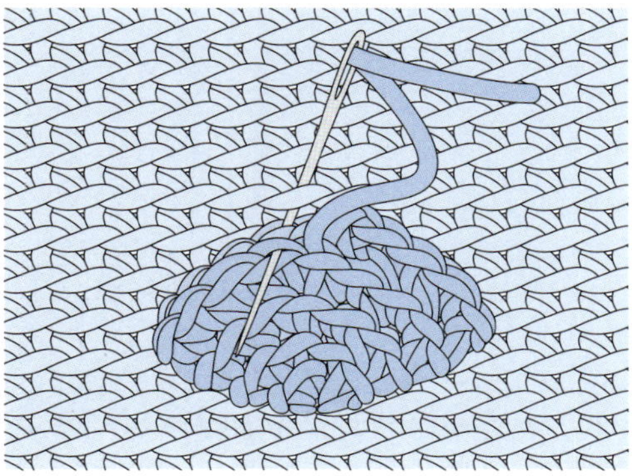

Nähen Sie Masche für Masche weiter, bis das Teil vollständig angenäht ist. Als Abschluss binden Sie einen Knoten auf der linken Arbeitsseite des Körpers.

Tiere ausstopfen

Damit das Tier gut aussieht, müssen Sie ziemlich viel Füllwatte hineinstopfen. Ich verwende für ein Tier immer etwas mehr Watte als ich eigentlich plane, denn die Watte verdichtet sich mit der Zeit – besonders durch viel liebevollen Gebrauch. Wenn das Füllmaterial durch die Maschen nach außen dringt, ist das ein Zeichen dafür, dass Ihre Maschen zu locker sind. Sie sollten dann mit einer dünneren Häkelnadel arbeiten. Um Enttäuschungen vorzubeugen, können Sie ein Teil probehalber ausstopfen, um zu sehen, wie es aussieht. Erst dann häkeln Sie das komplette Tier fertig.

Pflege des fertigen Tieres

Diese liebenswerten Tiere müssen zwar nicht ausgeführt und nicht gefüttert werden, doch brauchen auch sie von Zeit zu Zeit etwas Pflege. Befolgen Sie stets die Waschanleitung des Garnherstellers. Meist genügt es, die Oberfläche des Tieres mit einem feuchten Waschlappen abzureiben. So behält es seine Form. Wenn das hübsche Tier nach einiger Zeit etwas deformiert wirkt (das passiert leicht, wenn es fest gedrückt wird), dann drücken und schieben Sie es wieder zurecht. Das Tier nimmt keinen Schaden dabei.

Sollte dem Tier etwas Ernsthaftes zustoßen (ein Sturz in eine Schlammpfütze z. B.), und wenn Sie es mit entsprechendem Garn gehäkelt haben, dann dürfen Sie es sogar in die Waschmaschine stecken. Wichtig ist vor allem, dass es nach der Wäsche vollständig getrocknet wird, damit nichts Unappetitliches darin wächst. Wenn Ihnen der Sinn nach seltsamen Bakterien steht, häkeln Sie Micky oder Mekki, die Bakterien (Seite 46). Dies ist deutlich gesünder als ein gehäkeltes Tier als Nährboden für Unbekanntes zu missbrauchen.

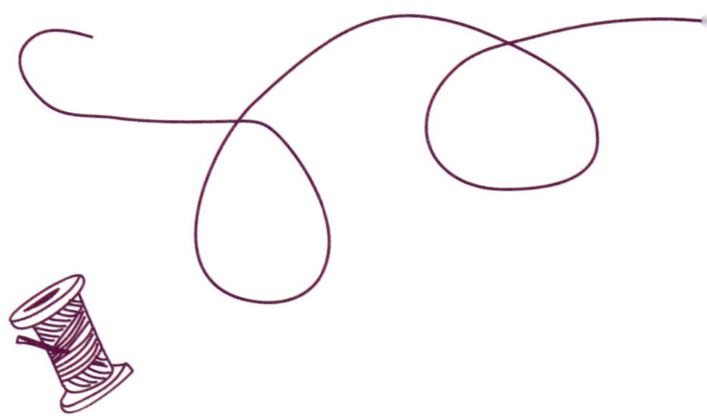

Nützliche Informationen

Garnstärken	1 Extra fein	2 Fein	3 Leicht	4 Mittel	5 Dick	6 Extra Dick
Garnqualitäten	Sockenwolle, Handschuhwolle, Babywolle	Sportwolle, Babywolle	DK, gekämmt	gekämmt, Afghan, Aranwolle	Teppichwolle, ungleich gesponnen	Sehr dick, Dochtgarn
Maschenprobe fM auf 10 cm Breite	21-32 M	16-20 M	12-17 M	11-14 M	8-11 M	5-9 M
Empfohlene Häkelnadelstärke in mm	2,25-3,5	3,5-4,5	4,5-5,5	5,5-6,5	6,5-9	9 und mehr

Diese Angaben sind nur grobe Richtwerte. Es sind die gebräuchlichen Garne, Maschenproben und Nadelstärken angegeben.

Schwierigkeitsgrade

= **Leicht**

Projekte aus einfachen Maschen, viele Wiederholungen, wenig Farbwechsel, einfach geformte Teile und unkompliziertes Zusammennähen.

= **Mittel**

Projekte in verschiedenen Techniken, besonderen Maschen und Farbmustern, mittelschwierig geformte Teile und etwas kompliziertes Zusammennähen.

= **Fortgeschrittene**

Projekte mit schwierigen Häkelmaschen und Techniken, wenig Wiederholungen, viele Farbwechsel, dünnes Garn, kleine Nadelstärken, besonders geformte Teile und schwieriges Zusammennähen.

Grundformen für die Tiere

Viele Tiere haben die gleichen Körperteile. Die Anleitungen für die am meisten benötigten Formen finden Sie hier.

Grundform Körper

Diese Form ergibt den Leib und den Kopf von verschiedenen Tieren.

Arbeiten Sie mit dem empfohlenen Garn und der entsprechenden Häkelnd 2 Lm.

1. Rd: 6 fM in die 2. Lm ab Nd (= 6 M).
2. Rd: 2 fM in jede M (= 12 M).
3. Rd: (2 fM in die folgende M, fM in die folgenden M) 6x (= 18 M).
4. Rd: (2 fM in die folgende M, fM in die folgenden 2 M) 6x (= 24 M).
5. Rd: (2 fM in die folgende M, fM in die folgenden 3 M) 6x (= 30 M).
6. Rd: (2 fM in die folgende M, fM in die folgenden 4 M) 6x (= 36 M).
7. Rd: (2 fM in die folgende M, fM in die folgenden 5 M) 6x (= 42 M).
8. Rd: (2 fM in die folgende M, fM in die folgenden 6 M) 6x (= 48 M).
9. Rd: (2 fM in die folgende M, fM in die folgenden 7 M) 6x (= 54 M).
10. Rd: (2 fM in die folgende M, fM in die folgenden 8 M) 6x (= 60 M).
11.-20. Rd: fM in jede folgende M (= 60 M).
21. Rd: (2 fM zus, fM in die folgenden 8 M) 6x (= 54 M).
22. Rd: (2 fM zus, fM in die folgenden 7 M) 6x (= 48 M).
23. Rd: (2 fM zus, fM in die folgenden 6 M) 6x (= 42 M).

Grundform Beine

Arbeiten Sie mit dem empfohlenen Garn und der entsprechenden Häkelnd 2 Lm.

1. Rd: 6 fM in die 2. Lm ab Nd (= 6 M).
2. Rd: 2 fM in jede M (= 12 M).
3. Rd: (2 fM in die folgende M, fM in die folgende M) 6x (= 18 M).
4. Rd: (2 fM in die folgende M, fM in die folgenden 2 M) 6x (= 24 M).
5.-12. Rd: fM in jede M (= 24 M).

Grundform Arme

Arbeiten Sie mit dem empfohlenen Garn und der entsprechenden Häkelnadel 2 Lm.

1. Rd: 6 fM in die 2. Lm ab Nd (= 6 M).
2. Rd: 2 fM in jede M (= 12 M).
3. Rd: (2 fM in die folgende M, fM in die folgende M) 6x (= 18 M).
4.-11. Rd: fM in jede M (= 18 M).

Abkürzungen

fM = feste Masche(n)
hStb = halbes Stäbchen
Km = Kettmasche(n)
Lm = Luftmasche(n)
M = Masche(n)
Nd = Nadel(n)
R = Reihe(n)
Rd = Runde(n)
Schlingen-M = Schlingenmasche(n)
Stb = Stäbchen
wdh = wiederholen
zus = zusammen, zusammen abmaschen
2 fM zus = 2 fM zusammen abmaschen = 1 M
2 Schlingen-M zus = 2 Schlingen-M zusammen abmaschen = 1 M abnehmen

Impressum

UNSER SERVICE FÜR SIE
Wenn Sie Fragen zu den Anleitungen in diesem Buch haben, schreiben Sie uns einfach eine E-Mail an: info@dmv-kreativ.de. Wir helfen Ihnen gerne weiter.

FOTOS: lichtpunkt, Michael Ruder, Stuttgart
DRUCK und Bindung: Mohn media Mohndruck GmbH, Gütersloh

FSC
www.fsc.org
MIX
Papier aus verantwortungsvollen Quellen
FSC® C011124

Genehmigte Sonderausgabe
DMV Daten- und Medien-Verlag
Beteiligungs-GmbH
Römerstraße 4
68438 Kissing

1. Auflage 2016

ISBN: 978-3-945633-31-1